叶开的魔法语文

YE KAI DE MOFA YUWEN

叶开 主编

第八课

相爱相杀

XIANGAIXIANGSHA

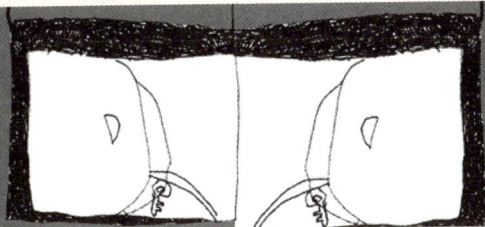

百花洲文艺出版社

BAIHUAZHOU LITERATURE AND ART PRESS

图书在版编目（CIP）数据

相爱相杀 / 叶开主编. –– 南昌：百花洲文艺出版社, 2018.4

（叶开的魔法语文）

ISBN 978-7-5500-2744-2

Ⅰ. ①相… Ⅱ. ①叶… Ⅲ. ①作文 – 中小学 – 选集 Ⅳ. ①H194.5

中国版本图书馆CIP数据核字（2018）第054032号

相爱相杀

叶 开 主编

出 版 人	姚雪雪	
责任编辑	王俊琴	
书籍设计	赵 霞	
插　　画	饶凯西	
制　　作	何 丹　周璐敏	
出版发行	百花洲文艺出版社	
社　　址	南昌市红谷滩世贸路898号博能中心一期A座20楼	
邮　　编	330038	
经　　销	全国新华书店	
印　　刷	江西千叶彩印有限公司	
开　　本	720mm×1000mm　1/16　印张　14.5	
版　　次	2018年7月第1版第1次印刷	
字　　数	100千字	
书　　号	ISBN 978-7-5500-2744-2	
定　　价	39.00元	

赣版权登字　05-2018-126

邮购联系　0791-86895108

网址　http://www.bhzwy.com

图书若有印装错误，影响阅读，可向承印厂联系调换。

爱写作的孩子是一座魔法星球

叶　开

感谢读者朋友打开这本书，感谢你们看到我写的这篇小序。

请允许我略微骄傲地向你们介绍这套独一无二的作品集。

收入这套十二册近百万字的作品集，不是大家习以为常的课堂作文集、满分作文集、考试作文集，而是一整套由小学生和初中生自己创作出来的、风格独特、形态各异的优秀文学作品集。

我曾给这些孩子讲授一门"深阅读课程"。每次课后布置写作，孩子们立即"占楼"，并"光速"交作业。我每次都读得愉快兴奋，常常熬夜给他们的作文写下很长的分析和评语。

我精心挑选出来很多作品和孩子们一起阅读，讨论，思考。有莫言的短篇小说《大风》、刘慈欣的短篇科幻小说《诗云》、柳文扬的短篇科幻小说《一日囚》以及唐传奇中的名作《板桥三娘子》《聂隐娘》等，读了这些作品之后，他们脑洞大开，进而形成自己的独特思考，并开始了自己的精妙创作。

其中有一个良好的"副"作用——当他们逐渐成熟，学会运用作文套路后，这些在写作能力上达到同龄人中较高水平的孩子，面对应试作文时"杀鸡用了宰牛刀"，大多数人都能轻而易举地写出高分作文。

上海高考语文阅卷组组长周宏教授，常在我的微信朋友圈里为这些小朋友的作品点赞。他认为，孩子们都这样学习写作，今后高考写作文根本不是问题。

我曾说：语言是人类文明的底层操作系统。

如同电脑上、手机上无数的apps应用程序，都要安装在微软公司的Windows操作系统、苹果公司的macOS和IOS操作系统以及谷歌公司的安卓操作系统上一样，人类文明的其他形态，无论是天文、地理、工程、建筑、绘画、雕塑，以及各类科学，都要建立在语言这个操作系统上。语言的好与坏，直接影响到整个文明系统的稳定性。一个高级文明生态系统，他们的语言必定是高级的，他们创作出来的文学作品也必定是高级的。当今最发达的文明国家，他们的语言必定是最丰富的，其写作能力也必定是最高超的，而这些文明国家所留下来的文学作品（语言的最高形式），也必定是最优秀的。建立在这些丰富的文学作品上的文明形态，其想象力、创造力和制造力，都是非常惊人的。

语言一旦崩溃，一切文明形态都将崩溃。

如果我们使用的语言虚假、无趣、伪善，则其他的apps也无法超越。整个文明形态要更加真实、丰富、优雅、有趣、向上，则语言首先就要具备真实、自然、准确的基本要素，进一步，则是高效表达、有趣表达、丰富表达。

社会各行各业，哪一行能离开"写作"呢？语言表达的各种外在形式，无论是政治家演讲、国情咨文、周末报告、股票路演、公司总结、宣传文案，哪一样，都离不开写作能力。我从来没有见到过哪一个优秀作家是口讷不善言的。他们"不说话"，要么是不愿意在某种场合上表达，要么就是代笔的假作家。而那些写作能力强的人，总有更大的上升空间，有更广阔更高远的未来。

文集里这些小作者，从小学二年级到初中二年级，主力作者在上五、六年级——九岁至十二岁左右的年龄。当大多数同龄孩子咬笔头、搔脑袋、苦思冥想、灵感枯竭时，这些孩子个个都是脑洞大开、神思缤纷、下笔如有神，创作出一篇又一篇令人赞叹的作品。

这些作品中，有些特别成熟，有些略显稚嫩，有些特别有趣，有些非常可爱，总体呈现出新世纪少年的丰富想象和思考。

读了他们的作品，我自己也深受启发。我发现大多数成年人对孩子们的内心世界严重缺乏理解，成年人对孩子的认识大多是模糊的、空白的。因为，能读到孩子们真情实感、抒发胸臆的作品实在少之又少，缺乏足够的学习和分析资料。

在课堂作文、应试作文中，学生们只能走套路，写虚假文章，没有机会表达自己的内心和独特的思考，找不到合适的地方表达自己的复杂情绪。而在我的课堂里，他们得到了痛快淋漓的释放。

每个小孩都是一个小宇宙，当这个小宇宙的能量受到有效的激发而爆炸时，你才知道自己的孩子到底有多么与众不同。

孩子们年纪虽然小，但是他们通过互联网的手段，接触到的外部世界，比自己的父母和老师想象中的要丰富、生动得多。然而，他们在传统的课堂里，却没有太多机会表现自己。大多数孩子，也没学会以写作的方式表达自己，展现自己。

我长期与孩子们交朋友，和他们不间断地交流。知道他们表面很天真、很幼稚，其实小家伙很懂得伪装，知道在什么情况下，要隐瞒，不让大人看到自己的真实爱好。只在自由表达中，他们才会敞开心扉，吐露自己内心的秘密。

阅读这些作品，我们才会恍然大悟：原来孩子的身体里也隐藏着一个宇宙！爱写作的孩子，是一座魔法星球。

他们的内心很丰富，他们的思想很复杂，不像外表显得那么稚嫩，那么单纯。当你认识这些孩子时，会很惊讶：他们看起来跟其他孩子差不多的稚嫩表情底下，竟然能隐藏着如此丰富的想象力，这么美妙的创造力。他们以自然准确而优美的语言，创作出属于自己的想象王国。在这个时候，爱写作的孩子已经拥有整个属于自己的世界。

他们都拥有一座属于自己的秘密魔法星球。

有些小孩子在作品里写道：老师和父母都认定小孩子幼稚，因此小孩子也装得很幼稚了。成年人想当然地把自己的固有概念套到孩子身上，以僵化的态度来塑造孩子，并且被自己的观点所迷惑，而无法有效地与自己的孩子交流。孩子们只好机智勇敢地、故意卖个破绽地装出单纯幼稚的样子，满足成年人对小孩子的虚假想象和塑造。

"狼昨"是我最杰出的学生之一。她是一位擅长编程，满脑子奇思妙想的七年级女孩，去年曾写过一篇科幻小说《过去的时光》，以科幻的形式来写成年人和小孩子之间的深深隔阂。

她想象有两种星球：大人星球和小孩子星球。这两个星球彼此缺乏了解——相比之下，还是小孩子星球对大人星球了解更多一些。但是大人星球自以为很懂小孩子星球。他们不假思索地认为，自己天然地对小孩子星球有居高临下的优势，总是发布各种命令，提出各种要求……

这篇作品包含了丰富的孩子心理信息，推荐各位爸爸妈妈一定要好好阅读。也推荐给教育界的各位人士，我们自以为了解的孩子，并不是教科书想当然写的那样。想深入理解小孩子的内心，要真正懂得教育，我建议好好地阅读一下他们的作品，其中的第一册《用七个关键词描述自己》，就是了解孩子们的最好材料。

小孩子们的内心不仅仅如此，他们还总是思考着一些奇妙的历史和宇宙。

"木木水丁"也是我最杰出的学生之一，她运用自己学到的宇宙知识和历史知识，在科幻小说《频闪时空》里，设想了一个特殊的问题：我们的宇宙历史，会不会是由一张张特殊的"照片"组成的？每个不同的时空就是一个不同的星球，人长大是不断地从一个星球迁移到另一个星球。人类自己身在局中，不知道其中的奥妙——只有不知身居何处的"时空主宰"在操控一切。而深知"时空主宰"奥秘的那个人，生活在公元元年，他的名字叫作"耶稣"。

读完这部作品，会发现这是一种历史文化和宇宙观念的奇妙旅程。其中写到主人公穿越回到公元元年（这个星球），见到了那个叫作耶稣的五岁孩子，这才知道历史典籍记载的耶稣诞辰一直是错误的：耶稣五年前就出生了。

这里面有很多特殊的思考，真的"亮瞎"了我的"钛合金"眼睛。

"沼泽"也是我最杰出的学生之一。他在五年级时就写出了探讨"不确定性"的一部杰出的科幻小说《骰子》。其中写到了一名来自火星的名侦探匹克，一到地球就失踪了。而地球上最神秘的黑暗势力的领袖，正在巴黎的下水道里，打算实施把整个太阳系各个行星炸掉的庞大阴谋。他到底会不会炸掉太阳系里的那些行星呢？关键看头号恐怖分子Forever会不会掷出某个特定的点数：星球的命运，建立在偶然、随机上。

在小说里，小作者熟练地运用了"量子力学"理论，还巧妙地谈到了"薛定谔的猫"等概念，令人大开眼界。他在五年级时上唐传奇《聂隐娘》的课，课后写了一篇科幻小说《楚门的世界》。凭着这篇优秀作品，他被上海最著名的民办学校之一——平和双语学校特招进初中部。

"颜梓华"也是我最杰出的学生之一，前不久他写出了一部三万字的中篇科幻小说《地球四十八小时》，读了令我深为赞叹。

小说里写某高智慧外星文明的男主角小男孩要去另外一个遥远星球探望父亲而搭乘星际列车旅行，因误入某种时空漩涡，星际列车穿越了时空，停靠在了几千光年之外的地球的某个车站。这让小主人公在从未到过的地球世界里，经历了四十八小时惊心动魄的冒险。小说结构很精简，人物和人物关系设定很合理，其写作能力，远远超出了很多大学中文系的学生。

"雪穗·茗萱"是研究阿西莫夫科幻名作《银河帝国》系列的小专家，现在读七年级。她写的科幻小说《银河帝国·虎》，结构之精妙，故事之出人意料而又合情合理，文笔之好，简直是阿西莫夫再世。

另一位七年级的天才少年周阳，也以阿西莫夫的《机器人帝国》为灵感，创作了一部优秀作品《机器人星球长》，写某天突然爆发了一条信息"地球星球长萨旦·奥利瓦是机器人"，而迅速流传到宇宙中有人类居住的四十五个星球中，宇宙世界联合组织委派名侦探夏洛克·安德罗斯前来地球调查真相。故事结构非常特别，结尾出人意料又合情合理，充分体现了小作者的谋篇布局和叙事推进的高超能力。

六年级学生黄铭楷的科幻小说《命运之钟》，写某台来自宇宙最先进文明的机器，落在地球上，而为地球人所用。这台机器是一部超高能的计算机，能计算出地球上每一个人的命运走向。因此，王国内每一个人出生之后，都要来到这个"命运之钟"前检测自己的命运。那些被宣判未来会变得邪恶的人，就会被抛弃被杀死。而最奇特的事情，发生在国王的两个孩子身上，"命运之钟"判定他们会自相残杀。老国王痛苦不堪，但不肯对这两个孩子采取"抛弃"的方式，那么，两位王子如何突破这个命运的陷阱呢？故事结构之巧妙，解决之合理，我也一直记忆深刻。

我教过的学生中优秀的科幻少年很多，除上面的那些小天才之外，还有现在读五年级的张小源、五年级的李华悦、七年级的时践、五年级的周子元、四年级的郑婉清、四年级的刘悦彤、六年级的张倍宁、八年级的程琪鸿、七年级的李暖欣等等，恕我不能一一列举更多的名字，他们都写出了精彩的科幻小说，读了真是让人感到大开眼界。

除了科幻小说之外，这些文集里，还有大量的幻想小说，包括魔幻小说、玄幻小说、奇幻小说等，深受一起学习的孩子们欢迎的枫小蓝、戒月、莞若清风，是幻想小说的天王三人组，是真正的幻想小说天才。还有徐鸣泽、丁希音、何混尘、杨睿敏、雾霭青青、幂小狐等，都是幻想小说的顶尖高手。

孩子们不仅仅是写幻想小说才能高超，在打通灵感之泉以后，他们写其他文类如记叙文、议论文等，都得心应手。游记、影评、书评，完全不在话下。

浙江平湖的张小源同学四年级跟我学习，现在五年级。她创造的幻想作品风格多样，跨度很大，屡有佳作，而科幻小说也像模像样。她写的游记、影评、书评，都非常精彩。写美国科幻鬼才菲利普·迪克的文章，写《哈利波特》的书评，都非常老到。

当孩子打开写作的闸门之后，他们就会在写作的过程中不断地"虹吸知识"，为了某些特定的知识内容，去寻找资料，认真了解学习相关的知识。例如"量子力学""测不准原理""相对论"等等，这些远远超出了他们年龄的知识，他们都孜孜不倦地去学习，而且热情高涨。

南京五年级小学生徐鸣泽，跟我学了袁枚《子不语》里一篇《赵大将军刺皮脸怪》而迷上了这部文言小说，自己读完了厚厚一本文言文作品，在班里建了一个《子不语》阅读小组。这些孩子的文言文阅读能力已经超过了很多高中生甚至大学生。在跟随我参加南京先锋书店里举行的跨年诗歌晚会时，台湾著名翻译家、诗人陈黎教授看到了徐鸣泽和她的小伙伴莞若清风，感到非常震惊，说你们不是小学生吗？怎么能看懂繁体字，看懂文言文的！

在孩子们眼中的幻想小说天才莞若清风，是一个精通古希腊罗马神话、埃及神话、北欧神话等各类神话的六年级女孩子，她深入浅出地化用这些神话元素，写出了一部部精彩的幻想小说。我一直记得她的杰出作品《雪雕冰神》，那么美好的一个幻想世界，也只有这些心灵纯净，未受到污染的孩子，才能创造出来。

而运用了特殊的地理知识和对《魔戒》的深阅读，七年级的时践创作了一部三万字的魔幻小说《费斯·波金与邪恶之眼》。

一介绍就"如数家珍"，有点兴奋过头了。

这套书中很多作品，在"叶开的魔法语文"公众号发出后，得到了全国各地的著名作家、出版家、编辑和优秀语文教师的点赞和激赏。

当我把一个专辑发在朋友圈里时，诺贝尔文学奖获得者莫言老师也点赞留言，说："开卷有益！"又补充说，"开叶开的卷有益！"

北京师范大学科幻小说研究中心主任、博士生导师吴岩教授也常常为这些孩子的科幻作品点赞。

这里，要特别感谢我的老朋友——百花洲文艺出版社的姚雪雪社长。她慧眼识珠，一眼就看到了这些小朋友发表的作品中蕴含着惊人的潜力，立即跟我商量，请我负责编辑，由百花洲文艺出版社于2018年作为重点图书出版这套作品集。

编完了小朋友们创作出来的十二册《叶开的魔法语文》作品集，我的主要表情是"惊呆"，次要表情是"感到不可思议"。

这些脑洞大开的作品，每次交上来我都会逐一点评，印象深刻，感受特别。这些作品都是2017年夏天以前创作的，所以出书时标记的是小作者们写作时的年级。再次编辑这十二册近百万字的作品集，我为孩子们的真实自然准确的语言所惊叹，为他们的想象力和创造力所再度折服。

我是中国现当代文学博士科班出身，在《收获》杂志社做了二十多年的职业编辑，阅读过大量的文学作品，编发过国内外许多一流作家的优秀小说。本来以为自己已经读麻木了，天底下没什么新鲜事了，没想到在与这些孩子一起度过一年多的"深阅读"和"创造性写作"的美好时光之后，发现他们在得到有效的深阅读训练，学会有效思考，体会到高效率语言表达的乐趣之后，创作热情被激发了，而写出了前所未有的美好作品。有些孩子简直是灵感如涌泉，被激发得闪闪发光。他们的写作题材非常广泛，形式极其丰富，表达生动活泼有趣。如果不是被激发之后，渐渐进入更为自由的写作状态，我们很难理解，为何这些小孩子脑袋中竟然能藏着如此丰富的思考、如此瑰丽的想象、如此自由的表达。无论是科幻小说、玄幻小说、穿越小说、武侠小说还是游记、书评，他们都写得观点鲜明，精彩有趣，色彩缤纷，让人产生浓重的阅读兴趣。

　　我和一些孩子见过很多次，平时追逐嬉戏，打打闹闹，跟普通熊孩子差不多。但是，且慢，不要以貌取人。他们的脑袋里，藏有比黄金更珍贵的奇思妙想。他们的大脑如同宇宙一样无垠，他们的思考如同光速一样快捷，他们的表达像加特林机关枪一样干脆利索。有些人物关系的处理，他们比成年人更加直截了当；而在细节表现上，则精微而晶莹。

　　他们还小，未来无可限量。

　　同样，你们的孩子也还小，未来无可限量。

　　相信他们，就是相信未来。

　　这些孩子的潜力，都有待我们的呵护与激发。

2018年2月3日

目录
CONTENTS

1 命运之钟

黄铭楷　六年级

清晨，首都的钟又响了。

这钟声总会把我准时地惊醒，因为我知道，钟声的响起代表着一个人的死亡。

这还得从万年前说起。

万年前，我们的第一任执政官刚刚带领自己的部队打败了最后一个敌人，在这颗星球上建立了自己的王朝。那时，我们的星球仍然处于农耕时代末期。

接着，他们来了。

他们乘着先进的飞船从天而降，赐予我们的祖先一个巨大的装置。

他们说，他们花费了几千年建造这个东西，可是造完才发现他

们害怕它。于是，根据那件装置的旨意，他们亿万里迢迢地送给了我们。至于建造那件装置所需的科技，他们说，等你们发展到了那个程度就能明白。

旨意？我们大惑不解。等到后来，我们才了解这句话的意思。

这个装置，其实是一台巨大的超级电脑，可以将人体内的所有特征，精确到每个夸克，每个基因。

然后，它可以根据这些数据，模拟出这个人未来的一切，简而言之，这个人会成为怎样的人，未来会喜欢从事哪一类的工作，他未来会得的疾病，甚至他将来会喜欢的颜色，这个人的所有未来，都会被预言出来。

若是算力足够，它还可以模拟出一整个文明，精确到每一个人身上的每一个细菌上的每一根毫毛上的每一个原子中的每一个夸克。

因为它，一个新的社会被建立起来了。

每个人出生后不久，就会从医院安排到首都，去接受一次全面模拟，然后系统会根据数据决定孩子未来的教育、工作和事业。

但是，还有一种极端现象。

如果这个孩子有对社会不利的天性，广场上的钟就会响，然后，那个婴儿就会被强行从母亲身边夺走，去接受安乐死。

这里的"不利"指的不是去公园去逃票，在路上偷偷捡起别人掉的十块钱这样的小事，而是指杀人、篡位、自杀这种危害国家安全的大事。以前有人偷偷藏了自己被系统判定会谋杀别人的儿子，儿子长大后得知真相怎么也想不通，后来精神错乱拿了一把大威力激光枪在首都射杀了一千多人。后来，就再也没有人敢这样做了，人们都含着泪，把刚出生的孩子交给系统，等待判决。

这种方法非常有效，现在这个高科技的年代，全国公民除了被系统判死刑和因年老而过世的老人外，意外死亡率只有0.00000036%，平均每代人只有一个人是意外死亡的。因为系统早已预料到了一切：它知道，你的人生永远都会照一个轨迹走下去，直到永远。

除了我和哥哥。

我比哥哥晚了五分钟出生，但作为执政官的儿子，我并不在乎这些。

我在乎的是后来发生的事。

全国人民都喜气洋洋地欢送我们去接受模拟，等着看我们的人生会如何丰富多彩。

结果出人意料。

在一个时间段，我和哥哥的人生分成了两种可能性：

哥哥杀害弟弟的可能性：67.3%。

弟弟杀害哥哥的可能性：32.7%。

消息传出，全国震惊。几十万人联名上书请求诛杀我们，他们说，"这个国家已经几千年没有发生过谋杀案件了，以后也不要有！"

但父亲坚决不同意。他说，我意外有了两个儿子，又意外得知他们会自相残杀，就由上天来决定吧。

但是，小时候，大家对我们充满了恐惧和害怕。大家怀着这些感情等待着，等待我们什么时候会发生同室操戈的事件。尽管命运系统已经预言：无论登上执政官位的是哪个人，他都会是一位英明的君主。

我和哥哥从小都是长在孤独中，所以，小时候的我们亲密无间，无话不谈，直到五年前，父亲告诉我们那个预言。我们最初的反应都是难以置信。

"这怎么可能？"我质问父亲，"系统一定是弄错了！"

他只是苦笑。从那次谈话后，我就再也没有去探望过哥哥。我们都怕，会在对方眼里看到什么自己一生都不敢确认的东西。

上周，父亲死了。毕竟活了134岁，是现代的平均年龄了。

我也知道，父亲一死，我和哥哥中的一方必将采取行动。

我想，这个人应该是我。于是，我开始谋划刺杀哥哥。因为我知道，不是你死便是我亡，虽然身为骨肉，必须有人要做好准备。

今天是计划实施的日子。

"呼叫公共安全部部长。"我对室内的AI发出呼叫。公共安全部是一个名存实亡的部门，专门负责控制国家内的暴乱或政变，但众所周知，这个星球已经几十个世纪没有发生过暴乱和谋杀了。不过，部长掌握着整个警察机构，以及负责的为防止国家遭到突然袭击采取紧急应变措施。我劝说了他很多次，在我向他保证只会杀死我哥哥的情况下，他才勉强答应了我的计划。他一定在想：就让我来帮这两个人分出个胜负吧。

胡思乱想中，他的脸出现在了全息窗口中。

"计划可以实施了吧？"我问。

"可以，"他说，"我想，这应该是这么多年以来的第一次政变吧，不，也不能算政变，因为这是完全被预料到的。现在，上飞船吧。"

我的窗前出现了一个飞船编队，全都是标准的流线型歼击机，为首的一架正敞开着机头。

"打开窗户。"我吩咐AI。我的窗户自动展开，伸展为一条长长的走廊。

我登上飞船。

"投放EMP电磁脉冲弹。"我说出了那个排练过无数次的命令。EMP（Electromagnetic Pulse）是一种通过小型核爆而产生的电磁脉冲，一旦发射，可以让所有电子设备短暂瘫痪。投放它，哥哥便没法求救。

一阵怪异的震动传来。一道冲击波横扫了全城，一瞬间，全城陷入了黑暗之中。

"行动！"我大吼。

十二架飞船以十倍音速抵达哥哥的住处。然后，一束激光射向房屋，房屋被灼出一个大洞。我掏出口袋里的武器，一把古董手枪，是父亲送我的礼物。

我跳下了飞机。

房子里只有一个人。

哥哥。

"终于来杀我了，是吗？我早就预料到了。"哥哥露出一丝苦笑，"五年过去了，没想到我们要在这种情况下见面。"

"你……"我无法理解发生的这一切，"既然知道，为什么不阻止我？"

他笑了，虽然，有那么一丝苦涩："也许命运就是如此，你想杀我，就杀吧。"

我掏出手枪用颤抖的手对准哥哥。我突然发现，在反复重复刺杀计划的过程中，我从未考虑过一个环节，那就是，狠下心杀死哥哥。

我的手在颤抖。哥哥面对我的枪口，只是面带微笑，没有做任何举动。

最终，我放下了枪口。

"对不起，我杀不了你。这意味着，你有一天得狠下心来杀我。"我艰难地说。

"弟弟，你我这些年犯的最大错误就是，把那个预言当真了。"他说，"你有没有想过，命运系统之所以从不误报的原因，是它预测的结果将人们看到预言结果的反应也考虑在内！我希望，无论是谁即位，他都能毁掉命运系统。如果毁掉它，我们的未来就会发生很大的改观！人们不用知道自己将来可能会成为这样的人或做出什么样的事！也许，有时候，看不透未来，何尝又不是一件幸

事呢？"

　　他的话，如雷贯耳。

　　"是啊，我想，如果没有那个系统，我们间的未来也由确定转向了不确定，这样倒是更好。"

　　我向他伸出手。

　　"忘掉那些以前的事情，重新开始吧。"

叶开老师评：

　　黄铭楷的《命运之钟》构思了一个超棒的设定：一个外星高智能文明制造了一台超级机器，就是庞大的计算机，这台计算机算力惊人，可以精确到每个人的每根头发甚至原子里的夸克，还有人体里的基因结构，如果有更大的运算能力，这台机器甚至能"模拟出一整个文明，精确到每一个人身上的每　个细菌上的每一根毫毛上的每一个原子中的每一个夸克"。然后，围绕着这种强大的"预言"能力，一个新型的社会被建立起来了。每个人，都按照这台

机器的测试结果而生活。然后，每个人都遵循这台机器的
"预言"。例如首席执行官的两个儿子，被判定为会相互谋
杀。等老执政官死了之后，弟弟"我"果然开始策划谋杀
哥哥，而且执行力很强，用电磁脉冲炸弹让哥哥的通信系
统瘫痪，然后闯入哥哥的房间。这时候，"我"面对了一个
最终问题："杀死哥哥！"但这个问题，"我"从来没有考虑
过。而哥哥最终解释了这个世界运行的真相：你按照它的
预测生活，不知不觉，就被带入了那个轨道中，这样影响了
你的人生和判断。人，通常是被这种"预言"所控制的，包
括现实社会中种种所谓"伟大"的思想，种种崇拜，都是控
制我们的那种力量。一旦打破，你就会发现其中的谬误。写
得好，逻辑非常合理，语言自然，有表现力，结构也简明扼
要。

2 2017 · 亚瑟王 · 宙斯

木木水丁（林汀）　七年级

像骑士一样。

不是言情小说中的默默守护你的骑士，是真正的骑士，亚瑟王时代的圆桌骑士。

兰斯洛特、高文、凯、加雷斯……

圆桌的寓意是和平、团结。

当然，这个寓意在我们身上永远不可能实现。

我是什么时候诞生的？我不知道。我的生日是什么时候？世界的第一天，究竟是大年初一还是什么时候，我没有概念。我不知道我是谁。我看着我身旁的陌生事物，大脑却在思考。我看着身旁的一群原始人，才意识到，我好像是世界上的唯一一个智慧生命。我在这个世界待了一个星期。"星期"这个概念就这样出现在我的脑袋中，所有的词汇似乎都为我而打造，我明白一切。

一个星期后，突然间，我处在一个高端科技的中心，所有人用我完全不懂的词汇交谈着。我明白他们的词语，但是词语的意思完全到达不到我的大脑。我看着身旁的科学家忙碌，用我看不懂的函数方程式计算着什么。别看我这样，我可是世界高端的数学家……额，好吧，其实是"所有家"，什么东西都精通。

我试图跟科学家交流。他摇摇头，冒出一句话："你是原始人吗？"然后我又明白了，我好像是这个世界上最落后的生命。我明白所有"古语"，但是对"现代"完全不通。

我在那里待了一个月。我看着象征着世界末日的陨石从天而降，我看着所有人拥抱死亡，我看着空气中的记者报告经过科学家反复的研究后还是无法阻止这颗陨石。我也品尝了死亡，我感到我的大脑麻木，我感到大脑因为神经系统早已损伤而感受不到的疼痛，我明白我的生命已终止，可是下一刻我却站在1997年的舞台上，在大陆庆祝香港回归的游行中获得新生。

在多次转折之后，我发现了一个规律：我拥有永恒的生命，会

在不定期时间内转移时代，有可能倒退，也有可能快进，在那个世界停留的时间有可能是无穷小量的时间单位，也可能是永远。我在我到来的那个世界上没有我的容身之处，没有家人，没有朋友，但是我可以改变这一切。

我试图融入他人的生活。我对原始的世界表示嫌弃，但对世界末日的世界表示无能为力，我在世界中晃荡，总是格格不入，要么不了解他人说什么，要么因为说出他人不明白的信息而被当成傻子。但是，我还是努力着，甚至有几次还以恋人（当然是不寻常）或者暗恋者的形式生存在那个世界上。

我喜欢过一些人。

只是有一点很遗憾：我有时会抓狂，我为什么要活着？我就像是一个多余物，在时空中徘徊。世界没有我的容身之处。

有几次，我还尝试过自杀、跳河、上吊、毒药，但没有一次成功。我也不是认真的，每一次自杀就像是一次与命运抗争的游戏。我愤怒地呐喊："为什么我会活着！"

我希望我不是主造出来的多余物，我羡慕地看着身边的正常人。有一段时间我完全荒废，无聊地浪费自己永恒的时间，我等待着这一场无限的赛跑结束。我屈在墙角，翻着这世界上唯一值得我读读的书：《百年孤独》。

不知什么时候，在1205年的一天，我意识到总会有一个时代与我的知识水平相符，在无数次不规律的世界中总会有一个世界是适合我的。那一天，我也许能成为这个世界的一员？

我像一个期盼自己生日到来的小孩期盼那一天的来临。我期盼这一天的来临，哪怕只是一瞬间。我甚至还催眠自己，在那一天到来后，说不定我就能死了。

我等。

我在3001年努力学习着数学，突然又出现在了另外一个世界。

正好在一个学校旁边。我看了看日期：2017年8月15日。鸡年。

我又习惯性地看了看自己的身体。13年了……我已经活在2017中13年了。我今年13岁。

"唉？你也是来报到的吗？"一个男生走过，"为什么不进去啊。"

我看着他。黑发黑眼……语言：中文。中国人，判定完毕。相貌中等偏上，爱管闲事……

我在哪里？看天气应该是江南吧。

我抬头望了一下学校：W市圣杯中学。

嗯，W市啊，没有来过。

"嗯，我刚刚呆了。"顺其自然吧。

"等一下我们要干什么？"我问他，为了避免之后的尴尬。

"面试。不会吧，你连流程都没有搞清楚就来了？"

我决定无视他的嘲讽。过了好久我才知道，我就是喜欢他这一点。

面试说简单不简单，说难不难，这种奇妙的感觉我从来都没有体验过：原来2017就是适合我的世界。

我又开始担心，自己什么时候会前往下一个世界？我不知道，我好希望，能在这里待一辈子，也就是永远。

"喂喂喂！你面试通过了吗？"那个男生又过来了，面试很有把握的样子。

"嗯。"我随便答应着。

"要分到同一个班啊！"他向我挥了挥手。

我看着他的身影消失在街头拐角，才发现自己连他的名字都不知道。

校园生活挺有趣的，特别是自己适合的时代。

然后，也不知道是不是幸运的，我跟那个男生分到了同一个班。在分班测验上才发现他是难得一见的好学生，成绩好，班里的班长。他的爱好似乎就是嘲弄同学——这一点没少被老师挑刺过。

他的名字叫喻翼奈。

我在这里悠然生活，在禁止未满18岁工作的法律下优哉地去一个马戏团报名——文娱单位在特定情况下是可以使用童工的。不求工资，包吃包住。

直到有一天我在学校大堂里看到了一个东西。

一个杯子，好像是金子做的，刻着富贵的花纹。

我眼前一黑，平时根本没有留意学校大堂里面会有什么……

"兰斯洛特。"我的嘴巴不受控制地喊出了这个陌生的名字，周围的学生转过来都看着我，路过的喻翼奈连忙将我拉走。

到了一个没人的角落，他没有说话，一脸疑问地看着我。

沉默可以套出你想问的话，可是这一招在我身上没用。

"我走了，谢谢。"我向教室走去。

　　"为什么要喊那个名字。你跟他什么关系？"他将手放在我的肩膀上，很用力，弄得我肩膀生痛。

　　"我不认识他。"

　　"你没了解过亚瑟王？"

　　亚瑟王？我从来不用听历史课。一般都是我所经历过的，而我又可以到很久以后，所以我也了解未来会怎么样。但是亚瑟王？有可能我还没经历过吧。

　　"没有。"

　　"那你为什么会知道兰斯洛特这个名字？"

　　"我不知道。"我将他的手拍开，跑向教室。

　　"我建议你回去翻翻历史书！"他的声音随着空气传来，"还有我们学校的名字。"

　　历史书？这玩意儿还没有被我翻开过。我们学校的名字？圣杯中学。

　　我回到教室，发现喻翼奈已经目光闪烁地盯着我坐在教室里了……别问我他是怎么飞过来的！

　　桌上一张纸条：圣杯中学，以耶稣受难时，用来盛放耶稣鲜血的圣餐杯及亚瑟王时代争夺的圣杯为镇校之宝命名。——喻翼奈（不用太感谢我哈，小资料）

　　我把纸条揉成纸团向他砸去，心里思考：耶稣，我也没有经历过，为什么我会喊出兰斯洛特。

　　过了一个月，我才发现圣杯中学不仅仅名字不寻常，还是一个非常不寻常的学校。

　　例如：校方偶尔会在公告栏上贴一些不太正经的东西，如"今晚举行亚瑟王加冕典礼"，没有时间，没有地点。如：学校每天一节的武术课是传统。如：学校的学生会今年的主题是"霍格沃兹的魔法之旅"。如：情人节那天所有班主任都统一着装粉色。（在情人节几个月前贴上去的）

　　还有很多很多……

　　然后，有一天我收到一封信："您已被入选学生会，请持此信于今天中午12:50于二楼会议室集合。"

　　我表示很无奈，作为一个并没有报名参加学生会的人，莫名被选中了。不过去凑个热闹没什么大不了的吧。

　　有一点很遗憾……现在已经12:45了。

　　"咳咳。迟到。"完了。熟悉的嗓音在耳边响起，我绝望地对上了喻翼奈的眼睛。他又要嘲讽我什么啊……

　　"那个，如今大家准时欢聚一堂（某个迟到的人除外），我们一年一度的学生会竞选赛开始了。我先代表主席欢迎新人，包括我自己。"

　　主主主主主席！我无力吐槽。

　　一个头发乱蓬蓬的男生已经跳起来了："我在这里严重吐槽主席的严重不要脸程度。"

喻翼奈很满意地看了他一眼："嗯，不错不错，敢质疑我说明我选出来的新人水平都是不错的哈。作为史上第一位新人主席，我宣布，竞选开始！"

大家纷纷向那个跳起来的男生表示心疼。

我对这个学生会再次绝望了，不正经的校方，不正经的主席，或许，还有不正经的同事？

"竞选嘛，就是投票我下面列出的这一份名单是否符合大家的心意。如果同意的人较多，就这份名单了。如果不同意的人较多，还是这份名单。"

那个我后来知道名字是王梓的男生刚刚坐回椅子上，现在又跳起来了："少数服从多数的道理懂不懂。"

另外一位男生很严谨的表示："在这一点我必须表示同意。"

一个看起来很文静的女生也跟着"嗯"了一句。

"肃静！"喻翼奈像法官一样用拳头敲了敲桌子。

全体很不服气地安静下来。

"不服的PK！"这也是圣杯学校的一个传统了：解决不了的事情，用武艺来决定。我捂住了脸，不忍直视：喻翼奈从来没有在武艺上输过。

果然，名单就这么确定下来了。我是办公室部长。很好奇地看了看办公室的简介："志愿者服务"……

听上去挺好玩的样子！

但是一个星期后我已经累瘫了："到底什么志愿者啊啊啊！明明是杂役好不好！"

那些不正经地贴在学校公告栏上的传单是我们办公室做的。

那些运动会时什么水、毛巾、通讯稿是我们办公室准备的。

那些依然不正经的校报也是我们办公室发的。

而我很不幸的是办公室部长。

另外三个部门：组织部（负责团员）、宣传部（负责文艺）、纪检部（负责检查）的部长看起来也没比我好到哪里去。组织部部长是那个很文静的女生，名字叫伊睿，宣传部部长是那天跳上桌子上的男生，名字是王梓，纪检部部长是那天看起来很严谨的男生，名字是尚波。而我们四个人，毫不例外都被学生会主席大人喻翼奈的嘲讽毒害了耳朵。

"哦，对了，今年主题是霍格沃茨的魔法之旅，因此学校好像是要让我们表演话剧《哈利·波特》。"

…………

一年后。

"就叫圆桌会议吧。"喻翼奈一锤定音道，目光落在圆圆的桌子上。

"喂喂喂！你当我们是古人啊？"王梓发话。

"圆桌会议？那谁是亚瑟王？"一个我不知道名字的女生冒出一句。

"当然是我们宣传部。"尚波表示，"我们是最早成立的部门，当然是我们。"

"你们宣传部在群体活动中除了写写通讯稿和报道还能干什么？一切事情都是我们纪检部弄好的好不好！"王梓炸毛道。

"一切事情？"我冷哼一声，"所有的杂事不都是我们办公室干的？学生会简介说得好听，负责志愿者活动。进入办公室才知道所谓的'志愿者活动'其实就是被强迫去干杂事的志愿者。"

所有人的目光都转向组织部的伊睿，她没有吭声。这也难怪，她这种性格是不会抱怨任何事情的。

"安静！"喻翼奈很严肃地拍了拍圆桌，让所有人都是一震，以为他有什么重要的事要说。

然后他憋不住了："哈哈哈哈哈哈哈哈——"

王梓跳上了椅子："老喻你——"

喻翼奈一边喘气一边说："我怎么了？"

王梓道："你笑什么？"

"世上每个人都有笑的权力！"

我在一旁不耐烦地说："别说这个了，正事正事！"

"刚刚你也争得挺开心的。"尚波指出。

"不用在意这些细节！"我还没有开口，喻翼奈便挥挥手接过话题，"至于亚瑟王嘛，肯定是——"

众人憋住了呼吸，这位学生会主席大人会说是谁？

"我！"

沉默。

多理所当然哈。学生会主席不就是所有部门的汇聚者吗？说他是亚瑟王一点都不过分哈。

不知道什么时候喜欢上喻翼奈的，但是还是受不了他这一副不正经的样子。

"还不快拜见本王。"喻翼奈得意上了。

"滚滚滚！"王梓坐了下来。

"别闹了！"我吼了一声，"今天的主题呢？"

"嗯……对……"喻翼奈开始"认真"地翻看资料，"关于今年校方宣传学生会的问题。"

"还有学生会主席与各位部长的竞选。哦，在宣传学生会之后还要入选新人并且给另外一些人发便当。"

"不是每年都有吗？"尚波问道，"今天校方特意把我们汇聚到一起有什么改动吗？"

喻翼奈很悲痛地表示："校方好像是嫌我们麻烦不够多，这次竞选主题便是'亚瑟王传奇'。"

什么？大家的沉默表示没理解这个意思。

喻翼奈看向尚波："我相信尚部长肯定有一个大概的推测了吧。"

尚波点点头："还请喻主席不要见笑。我想，是不是这次竞选与踢人都是以骑士精神来衡量的？未来的学生会主席便是亚瑟王？"

喻翼奈闭上眼睛："看到了吧，有多麻烦。"

众人自动忽略喻翼奈的最后一句话，开始讨论。

王梓第一个开始表明自己的立场："亚瑟王传奇？校方不会以为我们学生会就是什么少女漫画社团吧？如果说是为了骑士的武艺倒是有点道理，但是我们中国的武侠跟骑士的风格完全不符合的有没有！而且还是什么骑士精神！"的确，如果以骑士精神来衡量王

样肯定是不符合的。

"我仿佛记得骑士里面是没有女生的。"上次那个提出亚瑟王是谁的女生说道。

然而精神这个东西并不是性别能衡量的。校方做出的决定不是任何人能更改的，哪怕是学生会，或是学生会主席。

等我回过神来，已经冷场好久了。

"咳咳，那就这样，散会吧。明天各位部长把踢人名单交上来啊，想要报名什么职位竞选明天跟我说啊，还有既然校方决定用'亚瑟王传奇'这个主题，我觉得我们还是很有必要上网搜索一下这段传说的。还有，校方提示我们有可能要扮演某个骑士的角色，当然下一任学生会主席是亚瑟王。"

"什么鬼设定啊……"

"难道还要某个女生扮演桂妮维亚吗……"

一部分人吐槽，但是还有一部分人沉默了。

兰斯洛特！这个名字在我的脑袋里瞬间闪过。在喻翼奈的建议下，我已经充分了解了亚瑟王的传奇故事，兰斯洛特背叛了亚瑟……扮演角色？按照校方目前为止的作风，肯定是校方选出谁是哪个角色的吧……

校方是故意的吗？谁会是兰斯洛特？真的会有桂妮维亚吗？而且还是圣杯中学？我去年在大堂喊出兰斯洛特的名字与这个事情有关吗？

散会前，最后一个发言的人是喻翼奈："怎么可能会有呢？"

大家释然。

"骗你们的。"

气氛被毁，在匆匆散会之后所有人就各奔自己的班级了。我又在心里碎碎念：我不喜欢喻翼奈，我不喜欢喻翼奈……

然后我不由自主地想到了他说的话。

心里有些不对劲。

有桂妮维亚，那么肯定会有——

摩根夫人。

我莫名感觉心慌。

"喂！方霖！"

熟悉的声音。我心加速跳动了一下，是喻翼奈的。

"霖子，会议上忘记说了，办公室要将宣传部今天晚上赶出来的宣传单在明天发完啊。还有，学校的几个公告栏也要粘贴一下。后天中午进行新人面试，然后竞选。"

我感到郁闷，而这郁闷跟办公室所从事的杂活毫无关系。

"就这些？"我问他。

"哦，还有，加油！一定要继续当上办公室部长。"喻翼奈非常认真地望着我，眼神充满鼓励。

不好了，再在这里待一秒钟我的脸就要熟透了。

我转身就跑。

"然后我继续当你的主席！"喻翼奈的声音传来。

我脚步趔趄了一下，险些撞上前面走过来的同学。我回过身，狠狠地盯着喻翼奈："拭目以待。"

"就是！到那时一定要当上桂妮维亚哈。"

我大脑暂停了一下。哦，对，这场竞选是跟亚瑟王传奇有关的呢。等一下……他说什么？他如果当上了主席，那便是亚瑟王，而他主动要求我当他的王后，桂妮维亚？为什么？

我的脸熟透了。

"你看哈，会里面就这么几个女生：一个问亚瑟王会是谁这么爱八卦的女生怎么能是我的王后，还有一个伊睿明明是有交流障碍，天天摆着一个笑容迎接所有人，但从来不说一句话。剩下的新人怎能配得上本王呢？其他老的本王都不熟，到时候跟一个陌生人在一起多尴尬哈！还算正常的也就只有你了吧……"他停顿了一下，"虽然是个女汉子，但是我要求不高。"他非常真诚地看着我，"还不快夸夸我。"

我很想弄一个省略号向他砸去。让我先感动一会儿好不好。

"这是什么？！"我看着手中的传单打印件，上面写着：骑士俱乐部。

什么东西啊……我们学生会有那么欢快吗？看起来好不正经。

"骑士们！加入我们吧！亚瑟王的胜利等你来决定！"

　　我开始严重怀疑尚波主管的宣传部风格。尚波不是一个这么随性的人啊，正好相反，他就是随性的反义词！难道是校方规定的吗？算了，我这个办公室部长也没有什么权力对宣传部的传单评头论足，我就安心地去贴、发传单就是了。

　　"喂？你好，我是方霖，嗯，就是宣传部的传单印好了，让我们发一下。嗯对……你把你的小组里的人组织起来吧，负责七年级行吗？还有七年级的公告栏。嗯，谢谢……"

　　我挨个给三个组长打了电话，天知道几天后他们会不会接替我的位置。暂时无事可做，我摆弄着手机，在通讯录联系人一栏中随意地翻看着。

　　"喻翼奈。"

　　唉？我什么时候存了他的号码吗？

　　"嘟——"啊啊啊！不小心打出去了！我手忙脚乱地想挂掉电话，那头喻翼奈懒散的嗓音已经响起来了，"喂！就知道你会打过来。"

　　我像往常一样无视他的嘲讽。

　　"兰斯洛特与亚瑟王的关系。学校是搞事情吗？"我随口说道。

　　"嗯，肯定是的。说实话我实在不想当那个什么亚瑟王。"

　　"毕竟还有摩根夫人存在嘛。"我道，"不想当还不容易吗？你说一声就行了。"

　　"嗯。如果我不当亚瑟王，我希望你也不当桂妮维亚。"

　　我按压着心跳，脸上微红："那你想当谁？"

"兰斯洛特。"

尴尬地沉默了一会儿。我最怕这种突然的沉默了，感觉总是要有恐怖镜头播出的节奏。

"你上次喊兰斯洛特……你很喜欢兰斯洛特吗？"

"也许吧。"我犹豫了一下。

突然我眼前又一黑，和上次喊出小兰的名字时一样……等一下，我为什么要叫兰斯洛特为小兰？

"小兰，我好想你。"我抽噎着，不知道从哪里来的眼泪模糊了我的视线，滑下我的脸庞。

"桂，我也是……"

我用力掐了一下自己。刚刚发生了什么？电话早已挂断，但是眼泪却还在脸上，热热的。我刚刚听喻翼奈说了什么？或者为什么他会说这句话。他肯定知道些什么，但我又不确定具体是什么。

早晨。

"下面为今年的新人名单……"作为上一届主席，喻翼奈面无表情地公布新人名单。

"下面公布下一任学生会主席：尚波。"我心一沉。喻翼奈没被选上，但是，这不是他想要的吗？尚波人很沉着严谨，他肯定能胜任的。

喻翼奈将纸片交给尚波，尚波以沉重的嗓音继续宣布着：

"办公室部长：方霖。"还是我。

"组织部部长：胡昊。"这位应该是新人。

"宣传部部长：伊睿。"校方觉得伊睿的性格还是适合宣传？

"纪检部部长：喻翼奈。"原来他成了纪检部部长。

"下面宣布大家的身份。"

"亚瑟王：尚波。"预料到了。

"桂妮维亚——"

不好。我在他读出我的名字前就明白了我的命运。

"方霖。"

喻翼奈向我投来很不高兴的目光。我无奈地回应他。

"兰斯洛特：喻翼奈。"

我感到我的鼻子一酸。在我反应之前，整张脸已经布满了泪水。

"方霖？"

"你没事吧？"

"没事。"我摇摇头，却依然控制不住……

我没有听见剩下的骑士是谁，但是我不在乎。我又感到了一种压迫感，似乎空气要将我吞噬，压扁。这只能意味着我又要离开2017年了。

可是好舍不得。哪怕学校再不寻常，哪怕发生好多奇怪的事我还是舍不得我的时代。

也舍不得喻翼奈。

我处在一个陌生的环境。周围鲜花遍布，但是古老的建筑证明我在很久很久以前的过去。眼前金发的男子向我微笑。

"桂妮维亚，你愿意嫁给我吗？"

到底是什么情况？不是说我来到这个世界前是不会有什么设定的吗？

"愿意。"我听到自己说道。我看到人群鼓掌，我在人群中搜寻到了一张熟悉的脸：喻翼奈。

"我，亚瑟·潘德拉贡，愿意给桂妮维亚一生的忠诚、爱与守护。"亚瑟王的面孔在眼前发光，他的金发闪烁着不一样的光彩，他是我见过的最帅气的男子，但是我的眼睛没有落在他身上。

喻翼奈的脸上带着一种淡淡的忧伤。他面目全非，他被铠甲包裹，他的帅气似乎在整个婚礼上仅次于亚瑟王一个人，但是我不会认错他，他的气质告诉我，他就是那个我喜欢的男孩：喻翼奈。

我看着我的嫁妆：数百名骑士与圆桌被交给了亚瑟王，我听着他宣称：我万分欢迎这位美丽的女士和我结婚，我爱她已经很久了；现在她是我最亲爱的人了，至于各位骑士和圆桌，我认为比世间任何宝物都要珍贵。

一切跟历史书上描写的都一样——对了，魔术师梅林曾经对亚瑟王说过一句话："她的容貌的确很美，不过桂妮维亚将来一定会给您带来灾难厄运，不可以强行挽留。"

"她"，指的是我。

我不愿意这场婚礼继续下去，我知道亚瑟王与摩根夫人会发生什么样的事，我知道我会背叛亚瑟王，我也知道我与兰斯洛特——喻翼奈会怎样精神恋爱。不是会有，是已经有了。

我想阻止，但是我却没有力气说出这一句简单的话。

"兰斯洛特，我命令你为我的王后的侍卫，我相信你会很出色地完成这个使命。"

喻翼奈——兰斯洛特单膝下跪："我很荣幸。"他轻吻了我的手。

与历史书一模一样。我听着兰斯洛特在我的耳边说着情话，我看到我自己推开他，表示拒绝。我又"不小心"看到了亚瑟王与摩根夫人的种种。

圣杯出现了，与圣杯学校里的一模一样。我趁加拉哈德睡觉时取走了圣杯，我也看着天上的一双手取走了假圣杯。我将圣杯存放于一个箱子里，只有我拥有钥匙。亚瑟王并没有起疑。

我最终还是与兰斯洛特坠入情网。火刑、莫德雷德……然后，我因为悔恨而进入了修道院。我看着亚瑟王前来邀请我重新成为他的皇后，我答应了，尽管我知道这永远不可能……我急切地在前来拜访的兰斯洛特的眼中寻找答案：你为什么会是喻翼奈？你为什么会出现在这里？你是否明白我的命运？

我又想起了曾经天真的许诺：在经历了我原本的时代之后，我

会死亡。

事实却截然相反：我活着，成为历史。

卡姆兰战争即将来临。

我从修道院偷偷溜出来。我想看到亚瑟的所有，以及莫德雷德。

卡姆兰战争。我深深地吸了一口气，因为我明白即将到来的一切。

在我赶到时，战争已经爆发，我看到了熟悉的骑士们高文、杰兰特、凯一个个倒下，我想伸出援手，却无法移动。兰斯洛特不愧是2017年圣杯学校武艺最好的学生，他在战场上奔驰，鲜血早已染红了长袍。

亚瑟……他的金发也被鲜血挑染，看起来跟霍格沃茨的格兰芬多学院的颜色一样。莫德雷德的存在也特别吓人，年幼的他脸上表情严肃，手里的武器与我以前见过他天真的笑容极其不配。

我看见除了贝狄威尔外所有骑士的死亡。我瘫倒在地上，瑟瑟发抖地不想看却还看着，亚瑟使用一把长枪刺穿了莫德雷德，但是莫德雷德的剑也刺穿了他。

我的脸已经布满了泪水。亚瑟下达了命令，令贝狄威尔将王者之剑投入湖中，贝狄威尔两次试图阻止无果还是照做。

贝狄威尔走了，我知道他很快就要抵达湖边。

四周无人。我飞向亚瑟："王者之剑的舍弃代表王的去世。"

"亚瑟……"我没有称呼他为王，但是他没有阻止我。我看着他的金发彻底变成红色，我看着他困倦的眼睛布满了死亡，我俯下身，吻了他的额头。

鲜血的味道强烈。奇怪，我竟然感受不到恶心。

"桂，桂妮维亚……"他的声音微弱又沙哑。

"亚瑟，对不起。"

我听到远方一个重物落入水中的声音，亚瑟本来残喘的呼吸彻底虚无，他的心跳停止，他的眼睛却没有闭上。

我没时间了，贝狄威尔要回来了。

我又想起了亚瑟的誓言："我，亚瑟·潘德拉贡，愿意给桂妮维亚一生的忠诚、爱与守护。"

他遵守了。彻底地遵守了，只是，我好希望那两个字——"一生"变成"永远"。

我抚上他的眼皮，将他的眼睛合上。我抬起头，重新看着他。

尽管布满鲜血，他的脸庞还是那么完美。

我最后一次亲吻他的额头，将他从怀中放下，离开。

突然我发现，我似乎喜欢亚瑟？不止喜欢，有点爱的意思？

我没有回头。

熟悉的压迫感来临，我准备迎接新生。

但是，我来到的并不是地球上任何一个地方。

我处于一个方形的房间。墙壁、天花板、地板都是一片空白，没有任何装饰。

眼前是一个熟悉的人：兰斯洛特，或者说，喻翼奈。我低下头，不愿意注视他的眼睛。

"桂妮维亚。"

"我不是桂妮维亚。"

"方霖。"

我惊讶地抬起头。

"桂，我是喻翼奈。"

"我知道。所以，我应该怎么称呼你？喻翼奈？兰斯洛特？"

"喻翼奈不是我的名字。兰斯洛特也不是……但是我希望你称我为小兰。"

我生硬地说："你肯定知道什么。"

"桂，错的不是你我，是这个世界。"他说，"很抱歉，整个世界都错了。"

"人类本来就应该像你这样……赫拉。"

我恍惚了一阵子，然后呼出了我不熟悉的名字："宙斯，是你吗？"

"是我。赫拉，你什么都记不得了吗？"

"微微有印象。"

"还记得在很久很久以前，我跟你一起构造人类的历史的时候，我创造了兰斯洛特这个角色。你说，很喜欢，兰斯洛特这个名字很好听，但你还是喜欢小兰。"

"我便说，你可以称我为小兰。然后你创造了一个角色：桂妮维亚。亚瑟、莫德雷德是之后的角色。"

"我将人类的历史给你看，但是你忽略了亚瑟王那一段，你开玩笑说，想要亲身体验。我想起了你喜欢兰斯洛特，于是，我将你的身份确定为桂妮维亚，我也决定要成为兰斯洛特……那个时候，我确定的历史是兰斯洛特与桂妮维亚开心地一起生活，亚瑟王这个反派去世了。"

"我将人类确定为这样一种生物：永恒的生命，时不时转变世界，可以体会整个世界的生物。"

"我首先将你送进人类的世界，你是第一个智慧生命，相信你对那次生命很有印象。"

我点点头。

"然后我把人类一个个送进他们的世界。可是在你之后的第二个人，我的施法遭到了失误——波塞冬发现了我想要进入另外一个世界，他来干扰我。于是，除你以外的人类都变成了只有短暂的生命，不会转变世界的生物。我费尽全力，在最后一个轮到我时我纠正了，我成为你之后第二个'正常'的人。"

"我以为这样就好了。但是我不知道的是，波塞冬又插了一手：他改变了亚瑟王的历史，成了现在这副模样。虽然他的法力没有我高强，但是他修改了故事的背景，让你成为亚瑟王的妻子，而我，只是你的侍卫。后面的故事都是我们发展的，跟波塞冬无关。我已经变成了人类，无法改变这一切。"

"我等。在无数个世界中，我等待某天进入亚瑟王的时代，与你相遇。但是出人意料的是，我与你在亚瑟王时代之前就相遇了——我改变身份为喻翼奈，你的名字是方霖。我到底还是忍不住靠近你，直到你喊出兰斯洛特那一天。"

"桂，我的天后，你到底还是私自在变成人类之后存储了一丝魔力，而这魔力的名称为：预见过去。你预见了几千年前的世界，也就是亚瑟王的世界。"

"我相信后面的事情都不用解释了。"他满怀期待地看着我。

"宙斯——"

"叫我小兰。"

"宙斯，我爱你。"我向前靠近他。

他微笑着，到底还是没有纠结于称呼，向我伸出了双臂。

然后我掐住了他的脖子："宙斯，别动。"

他愣住了："桂，你在开什么玩笑？"

"我不在开玩笑。"我望进他的双眼。

"为什么？你要杀死我吗？"他微笑道，并没有反抗。

"你说波塞冬只是确定了背景，后面的事情都是我们自己发展的，你不应该背叛亚瑟。"我认真地说。

"可是我爱你，我必须把你从亚瑟身旁拉走。还是说——你不爱我了？你爱上亚瑟了吗？"

"我爱你，但是，如果不是你，亚瑟就不会与你为敌，他就只会有莫德雷德一个敌人，

凭亚瑟的智慧肯定能发现莫德雷德不对劲，他就能在莫德雷德篡位之前杀死莫德雷德，这样……高文、凯他们就不会死了……"

"他们本来就会死的，与我何干？再说，被爱情迷上的人什么傻事都干得出。"宙斯的声音变得冷漠。

"抱歉，你错了，除了我之外所有被爱情迷上的人什么傻事都干得出。"我同样冷漠。

"你是真的要杀死我？你真的爱上了亚瑟是不是？"

"我不知道……"

"桂，我喜欢你，不管你是赫拉、桂妮维亚、方霖，我都爱你。能再称呼我一次小兰么？"他微笑道。

我暗暗下定了决心，将双手一用力。

他的呼吸变得艰难，但他还是坚持直视我的眼睛，用力憋出4个字："永远……爱……你……"

宙斯倒下。

"我爱你，宙斯，兰斯洛特，喻翼奈……"

"我喜欢你，小兰。"

"永远爱你。"

"抱歉，小兰，你做错了太多太多事。"泪水终于久违地流下，滴在他微笑的脸上。

"咦？你也是来报到的吗？"

"为什么不进去啊。"

"喂喂喂！你面试通过了吗？"

"要分到同一个班啊！"

"然后我继续当你的主席！"

小兰的声音在耳边回响，但是有一刹那，所有的声音暂停，只剩下那一句：

"永远……爱……你……"

谢谢你小兰，你是一个完美的爱人，但你却是一个不合格的骑士。

"赫拉。"我一哆嗦，以为宙斯重新复活。

"我是波塞冬。"一个男人随着浪花出现。

"有什么事吗？"我无力地说。

"我可以帮你一个忙。你有什么人类世界特别喜欢吗？我可以让你到达那个世界……这个空间只是宙斯暂时创造的，宙斯死了，马上就要崩溃了。"

"能让我回到亚瑟王被杀死不久后的时刻吗？就是我刚刚离开的那个。"

波塞冬眼里闪过一丝惊讶："我以为你还会选择2017。"

我摇摇头："可以吗？"

"当然。"

我跪在亚瑟的墓旁。大家看见的是，我用魔法在旁边造了一个新的墓：兰斯洛特之墓。

我又用魔法造了一个新的兰斯洛特和桂妮维亚，以对后人交代他们的结局。

而我……会永远守在这里。小兰，亚瑟。

对不起，为你干的所有事——小兰。

对不起，你被历史玩弄——亚瑟。

对不起，所有的骑士们。

对不起，赫拉，桂妮维亚，方霖。

对不起，所有人。

叶开老师评：

　　哇哇哇，请让我喘一口气，一口气看完了你的一万一千字的长篇巨著，发现设定的背景，宇宙，都非常庞大，你甚至还加入了"故事线索"修改这个设定，就是波塞冬悄悄破坏了宙斯的设定，让赫拉/桂妮维亚/方霖，和宙斯/兰斯洛特/喻翼奈这一对天上的"相爱相杀"的伴侣，下到人间，继续扮演相爱相杀的伴侣，而故事在中间遭到了波塞冬的破坏，不再按照宙斯的设定讲下去，于是，他们的关系在"亚瑟王传奇"这里，这个故事的中心点、高潮点突然爆炸了，亚瑟王和他的敌人在决战中，同归于尽，而桂妮维亚这位王后，因为跟兰斯洛特在一起，而搅乱了这个故事。你又把"圣杯中学"里的学生会的竞选，写进了故事线中，让这个故事变得非常复杂。太厉害了。而亚瑟王/尚波，这个很关键的人物，既然波塞冬在这里搅乱了故事线，那么我很好奇他到底是什么来头？可不可以也套用一个希腊神话英雄在他身上？因为其他人，宙斯、赫拉，都是有三重身份的。而赫拉杀死了宙斯，这个确实出人意料，可不可以设想一下，是波塞冬的阴谋？这样，更符合"相爱相杀"的设定。那个"方霖/赫拉"能预见几千年前的历史的说法，超级厉害，简直是太震撼了。

3 全世界注定是我们的演员
——一切该发生的与不该发生的

沼泽（王赵哲）　五年级

前言　免责声明

注意：如果出现任何影迷、医生因为愤怒而抑郁致死的情况，我不负任何责任。

序言　两个精神病人

"我们重见天日已经好久了。"

"对，我们已经逃出高压锅3天了。"

"看起来很短，可是这三天，就是72小时，4320分钟，259200

秒，我的天哪……"

"还记得我们第一次尝试的时候吗？精神病院有100个通风管道口，我们爬到第50个的时候，我问你累吗，你说不累。当我们爬到第98个的时候，我问你累吗，你回答累了。我说，那我们回去吧。"

"哈哈，历史总是那么记忆犹新。"

"走，我带你去闯荡江湖！二哥，来，这个录音机打开，哥带你闯荡江湖！"

"欢迎收听103.7……"

第一章　餐厅

"大哥，咱们去那个餐厅里头。我有钱，没事，你看，40块够不够我们今天午饭和晚饭？"

他俩走进去了。

两个人穿着皮鞋，戴着墨镜就这样"君子坦荡荡"地进来。实际上，他们的皮鞋是用黑墨水染的。

"营业员，给我们，来两碗拉面！10块钱一碗是吧，二哥，你去付钱。"

"凭什么我来付啊？"

"那好，石头剪刀布，咋样？"

"不行，大哥，每次你都慢出！"

营业员走了过来："两位先生，这里是餐厅。"

"来来来，不妨碍他们营业，来，我们用意念来石头剪刀布。

石头剪刀布！你是什么？"

"我石头。"

"我布，我赢了。乖乖去付钱！"

吃好饭，他们提着收音机，霸气地走了。其他人对他们很生气，谁带收音机吃饭的？

大哥也注意到他们，他低声地对二哥说："等会我有个好主意。"

第二章　社会

半个小时后，他们都披上件披风，戴着墨镜，出现在广场的长椅上。

"大哥，你为什么把我的床单沾上墨汁，然后又让我披上。"

"这是战术，懂吗？来，炫死他们。这个社会的人们啊，too young,too simple,sometimes naive。"

"那么，战术是什么？"

"等会儿，我们尽可能地吸引别人的注意。我跟你讲，你知道明星为什么是明星吗？因为他们有新闻啊，他们会吸引别人的注意，像颗星星，就在那里bilng……bling……地闪着光。"

"好吧。有人来了，行动。"

大哥大步走上前，坐在他旁边。优雅地点起一支烟，双眼眯起了缝，不屑地看着他。

"你谁呀？"

"咋的了？有问题吗？我就是在这里，淡定地抽着烟。"

"淡定，我看你是精神病人。"

大哥火了："呀，瞧不起精神病人是吧，我告诉你，我是精神病人怎么样，我不是又怎么样，反正你又管不着。"

"小样，来劲了是吧，我告诉你，我是有身份的人，信不信我下一秒掏出枪来？"

二哥连忙跑上前去："别这样，兄弟，给我们个机会。"

"怎么给你们机会？"

"我们以前没得选择，现在，我们想做个好人。"

"好人，呵，你去问13亿人民，看他们让不让你们做好人？"

"那么，你是想让我们死了？"

"对不起，我是警察。"

大哥乐了："警察？制服呢？工作证呢？警枪呢？光顾着在这里跟我对白呢，拿出点真本事。"

二哥掏出了两把枪，交给大哥。

"我跟你讲，别看这支枪，这个是2017限定版的五彩万花筒仿真级天下无敌水枪！我一开炮，嘿嘿，再见了兄弟。二哥，放BGM！"

二哥开始唱起来。

"啊朋友再见，啊朋友再见，啊朋友再见吧再见吧再见吧。如果你，在战场上牺牲，我会把你埋在这里……"

兄弟一脸迷茫，好歹他也是江湖上的人，今天却如此懵懂。

"这位兄弟，我看你眼神迷茫，四肢乏力，我向你推荐一个强身健骨丸，让你提神醒脑，不要998，也不要98，今天免费送！来！"

大哥渍了他一脸。

"兄弟，社会之复杂、之深奥，慢慢学吧！二哥，我们走！"

第三章　地铁站

晚上了。

"大哥，你说咱们快没钱了，要不，咱们去银行取钱？"

"不用，我们不是无业游民，咱们去地铁站卖艺。"

"不是，大哥，我们有艺可卖吗？"

"我们去讲相声。"

"相声？我猜如果那时候岳云鹏马三立在场的话估计要吐血。"

"没事，等会儿配合下我。"

地铁上，他们把帽子放在地上，向大家鞠了一躬。大哥说："各位乡亲父老们，大家晚上好。我今天晚上呢……"

二哥说："等等，这句话不对，什么叫我今天晚上，重说。"

人哥又来了一遍："好。我们今大晚上呢，给大家讲个相声，请各位多指导指导。有钱的，打个赏，没钱的，鼓个掌，反正都给我们嗨起来！我先自我介绍一下，我呢，叫李九，他呢，是无名氏。说实话吧，我也不知道他怎么会站在我旁边的，我觉得吧，就是说……"

"你再说一遍，我可是有名有姓的人！"

"你说得很对。没错，他姓无，后面两个字是名氏，他就叫无名氏。"

"哎，你这个人啊，怎么这样的，啧啧啧。"

"大水冲了龙王庙，不要在乎这些细节嘛，再说了，你知道我为什么找你吗？"

"不知道。"

"相声啊，得两个人说，否则就成了脱口秀了。不瞒各位乡亲父老，其实我把他找来，就是为了充个数……"

"哎，你几个意思啊，我说真的，你这是侮辱相声。换句话说，你就是一口井，知道为什么吗？横竖都二！"

"我说啊，相声，总得有个伴。如果相声成功了，咱们雨露均沾；如果不成功，我们一起被砸鸡蛋。"

"敢情我只是来这里当你的出气筒的？"

"Bingo！你的智商难得这么好。这样啊，只要你答对我出的5道题，我就承认你的智商为130。请听第一题！有一只乌龟，骨骼惊奇，盖了一间屋子，猜一个保健品品牌。"

"额，钙尔奇（盖尔奇）！"

"第二题，另外一只乌龟，盖了一间蓝色的屋子，然后钻了进去，猜一个保健品。"

"额，蓝瓶钙。"

"恭喜你答对了！"

"因为小时候经常喝这个。"

"第三题，那只乌龟，把屋子拆了，又盖了一间屋子，钻了进去，再猜一个保健品。"

"简单，盖中盖。我外婆曾经吃过。"

"第四题，还是那只乌龟，又把屋子拆了，又盖了一间屋子，又钻了进去，再猜一个保健品。"

"新盖中盖！我妈一直吃这个。"

"最后一题了，那只乌龟，还是把屋子拆了，还是又盖了一间屋子，又钻了进去，再猜一个保健品。"

"我知道！太简单了！新新盖中盖！"

"二哥，根本就没有这样的产品好吗？"

"那是什么？"

"时间到！你傻啊，巨能钙（巨能盖）哎，我本以为，今天，你能洗雪耻辱，看来还是不行啊……"

"你再说一遍？"二哥怒了。

大哥突然因为地铁的加速，撞到栏杆，二哥撞到了大哥。

"二哥啊，疼不疼？就是说什么，猪撞墙上了，你撞猪上了，哎，不是不是……"

"对对对！"

很快，帽子塞满了钱。他们下车了。

第四章　自挖自坑

大哥和二哥走在晚上九点的大街上。整个路，只有路灯与红绿灯在闪烁着。

大哥停下了脚步。

"别动，藏起来，有动静。"

北边来了几个警车，上边的大灯不是普通的红蓝闪烁的灯，而是一个360度无死角的巡逻大灯。就是拍戏的聚光大灯那种。

"你说啊，大哥，他们是不是来找我们的？"

"有可能。两个人从精神病院逃跑，把一个小哥整蒙了，又在地铁上说相声，应该有人发现的。"

"老大，天无绝人之路，我们有什么办法啊？"

"有！"大哥坚定地说。

大哥套出了一段绳子。

他把二哥绑上了。

"二哥别动啊，要不然你什么东西都没了。"

"哎哟喂，大哥，你这是干啥啊？"

"把你交给他们，我弃暗投明啊！如果投不了，我算就将功补过呗。"

二哥，感觉自己上了贼船。

"二哥，你有没有感觉，现在我们好伟大。"

"伟大个鬼啊，咱们都快进监狱了。"

"不是，你想想，咱们拳打西荒白虎，脚踢北海苍龙，现在江湖上已经有我们的传说了。二哥，听我一句RAP：

我们钻过排气管　逃出精神病院

去了家餐厅　餐厅里许多人不服

你们不服我就让你们服

江湖上要有哥的传说

于是我们出发　去找一个人说

我们整过年轻人　让他一脸懵

年轻人啊 too young too simple

（二哥：sometimes naive）

我们戴着墨镜　我们披着床单

没错就是我们

社会我李九　人狠话贼多

江湖上开始有哥的传说

我们说过相声

我们卖过艺

我们个个是五十亿影帝

微博天涯百度　还有搜狗加猫扑

别忘了朋友圈——

上面都有哥的传说

哥们　我们的光辉开始渲染半边天

我是李九　他是无名氏

我们的光辉开始渲染半边天……

"大哥，我不是无名氏！"二哥急了。

"你瞧瞧你，死到临头了还在争论这个。"

警车蹿了过去。

"算了，二哥，看你这么可怜兮兮，就给你唱一首歌……"

"啊朋友再见，啊朋友再见，啊朋友再见吧再见吧再见吧……"

"能唱点吉利的吗？还是听收音机吧。"二哥拿出收音机。

"听众朋友们，这里是FM105.7，上海交通广播。"

"这里是正在直播的《Hello，夜上海》。相信今晚大家都睡不着，因为路上的警车，对吧。今天晚上，警车是在追击毒枭，目前毒枭驾驶着一辆黑色奔驰，在街上驰骋。目前，有谁瞎猫遇上死耗子，从窗户看到有牌照为沪C·BG418的黑色奔驰，请立刻打电话给我们或者警察。"

"大哥，你说说看，又不是来抓我们的，你干吗绑我！"

"这个，额，防，防范于未然啊。"

"大哥，我们真的是傻子。你是大傻，我是二傻。"

"我跟你讲，你知道为什么我们这么幸运嘛？因为全世界注定是我们的演员。全世界无法理解我们在干什么，只是把365天当成一天来过。我们，已经出了三界之外，不在五行之中了。别人，只是演员，重复播放着一部戏。我们，是生活的主宰。"

"我觉得吧，这种生活，我们从逃出精神病院，不对，有逃出精神病院的想法时，我们就不是凡人了。"

双傻成功互相洗脑……

"来，我们去找个旅馆。明天又是新的一天。我想想，明天不能说相声了，我们说rap，好好说说你的故事。"

"喂喂喂，大哥，先说好，我不是无名氏！"

尾声　未来

双傻成功地引起了人民群众的注意。

江湖上，双傻的传说已经真正的成为传说。

人生如戏，演员与导演的戏，还没完。

叶开老师评：

看完沼泽老大的这篇神作，"脑师"也是一脸的懵。同学们快来，解开我脑子里的那团迷雾，为何沼泽会这样写一对"精神病"胜利大逃亡之后的瞎混？是模仿大哥李九和二哥无名氏的神志混乱的精神状态么？我要说的是，为何沼泽同学最近迷上了自编RAP？一大段一大堆的，被什么缠上了吗？哈哈。不过，那个大哥二哥讲相声的乌龟壳盖房子的梗，还是很有意思的，很欢乐——巨能钙！你还真能"瞎掰"，不过我喜欢看你的瞎掰哈哈。他们俩把世界当成自己的舞台，娱乐了自己，也娱乐了别人。我有点疑问：他们仅仅是精神病院逃出了两位"大哥二哥"吗？可不可以设计为一对超能活宝？他们被关在什么地方很久了，一直想办法逃脱，或者装精神病，或者装正常人，就这样逃脱了。然后呢？我要问的是：然后呢？然后呢？然后呢？

4 适 应

狼昨（桂一今） 六年级

"……也许吧……这……也许不是梦……"

也许吧？

毕竟，这种事情谁也说不准。

但是，我真的有理由佩服飘狼的勇气和耐心，估计是狼人杀悍跳玩多了，不怕死了。

但是，在这样一个世界里，不是你怕不怕死的问题，敢情是你会怎么死的问题。

不是么？

当然，你有足够的理由反驳我……在你看到我旁边的铁栅栏，以及那些胳膊粗的铁条外面的人类之前，你都有足够的理由反驳我。

　　"飘狼……掐我一下。"虽然我知道这样很傻，但是因为在梦里人的神经反应，我只能这样了，因为，嗯，无痛苦的方法，像吃甜品，在这里是不可能实现的。

　　她很疑惑，但是还是照做了。"啊啊啊啊疼疼疼疼疼疼疼！你你你掐那么重干吗！想掐死我啊！"

　　"不是你叫我掐你的么。"……孩子，麻烦你，做人留一线。……疼。

　　"那你倒是停啊！一下早过了！"

　　"我还没松开呢，才半下。"

　　当飘狼终于松开我的时候，我揉着红肿的小臂，观察了一下周围的环境。

　　外面有两个身穿白衣服的巨人，他们大概有十五米高，一个黑发男子，一个蓝发女子，手里在摆弄一人大小的试管。

　　"沼泽，你在干什么？别继续你的无厘头试验了。记得么？上次你炸掉了整个实验室！"

　　"但就是因为这样的实验，才会产生这样的完美品！"被称作沼泽的男子手瞬间挥向了我和飘狼的方向，指着飘狼说："贝壳，我知道的，我知道你是在为我们，我们实验室而着想，但是，太谨慎似乎不是什么好选择……"

　　"我知道。"贝壳甩了甩蓝色的短发，"又是老一套。所有的科技都是在错误中进步……克雷失败了八百三十七次，小米失败了一千三百五十九次，汀失败了……最后，他们都成功了。但是，你有没有想过，这个世界上有多少的克雷，有多少的小米，又有多少的沼泽？前两者最终闪耀，而最后的，只是在无数次愚昧的失败中老去……沼泽，你最适合的，不是疯狂实验，而是在两千次失败以后，对于鲲洁身剂的无危险研发……"

"哼！那么，它们——"沼泽指向我们——"是什么？"

"很多你的实验都还没有通过实例测验……比如说，传感范围问题——不会变通，智力不够……"

"那就提取基因！人类基因！然后有部分染色体的话，就是后代……"沼泽很激动地挥舞着双手，双脚也按捺不住跳着踢踏舞。

"……你做这个有没有想过，需要多少对才能成功？"贝壳尝试讨论一些现实问题。

"复制不就好了？"沼泽根本就不把这事当个事儿。

"复制……不说质量损失，光是惹出的一系列麻烦就足够把我们搞死！这就不是经费的问题了，是你要不要蹲局子的问题了。哪怕征得了同意签了协议，最后一人一口口水还是可以告我们侵犯私人财产！毕竟没有先例么。"看到沼泽不把现实当回事，贝壳怒了。

"不管你了！你要走你滚吧！我，会继续通过我的实验，把我的实验室，带向未来那个神秘博士所在的地方。你呢，就去研究你的鲲吧，快走！"

贝壳也在气头上，把试管一摔，摔到我们"房间"的顶上就走了——泼了我和飘狼一身。

"女人心……海底针……真的是，我都不明白我做错什么了……"沼泽嘀咕着，放下了手上泛着绿光的试管，甩了甩胳膊。

"现在，来说说你们吧。你——"他指向了飘狼，"告诉我，你们是从哪来的。"

飘狼没有回答，只是小声问我："狼昨，怎么办，现在这样……我很'方'啊。"

"骗不了我的。"沼泽用只有我们三个人能听到的声音耳语道，将脸靠在栏杆上，"你以为，我是贝壳那种咸鱼么？"他稍稍俯下来，"怎么可能。我也不会傻到认为你们是爆炸的产物——但是，严格来说也算吧——我们那个世界的'小'朋友们。"

飘狼决定装死。

于是，我们就看到了如下的一幕：

飘狼忽然两眼翻白，身体一僵，直挺挺地倒在地上。

沼泽也不管，只是转过身去柜子里拿了一根羽毛——

"啊啊哈哈哈哈痒！"

最要命的是，沼泽这个家伙还很不要脸地说了一句：

"装死也要装得有技术含量一点。"

请原谅，刚才那一幕只是我想象的，事实上，什么都没有发生。

飘狼还是两眼翻白在地上躺着。

"飘狼，你不怕痒么？是的话点左脚。"

飘狼不假思索地点了一下右脚。

现在我了解到了两点：

一、这个世界上人的生理构造很神奇。因为刚才我掐飘狼她说疼。

二、飘狼还活着，所以她不会是死了神经没反应的。

"喂！飘狼醒醒！"

见她没反应，我开始唱：

"很久很久以前……"

飘狼三秒钟就从地上弹起来，唱起来："巨龙突然出现……"

"带来……"我连忙接下去。

"……你们两个演对角戏么？你们要是再敢唱一句，贝壳的鲲洁身剂失败品可以泼你们一脸！你们应该试试那个味道……哎……"

"……"

最怕的就是世界突然沉默。

"够了！现在告诉我你们是哪里来的！"

"我们为什么要告诉你？"飘狼反问道。

"等等……"我察觉到了什么不对。

"你说的贝壳，是这个世界的原住民么？"

"不然呢，那种人，要是放在我们的世界……啧啧。"

"我……有个同学……叫……贝壳。"想了想，又补了一句，"长得和这个贝壳，一模一样。"

"想起来了！是一模一样，狼昨跟我说过，只不过，矮一点。"

"瘦一点。"我补充道。

"这不是废话么。"沼泽无语。

"简单来说，是这个贝壳的缩小版。"飘狼总结道。

沼泽背过身去收拾贝壳撒掉的试管了。

沼泽发现沼泽好像忘了什么。

"嗯……我要说什么呢？不知道？算了，那么今天吃什么……"沼泽看了看实验室的角落，看到了——

贝壳没带走的鲲。

"嗯……"沼泽舔了舔嘴唇。

半小时后。

"啊呸！！！"沼泽气急败坏地大吼道，"这什么鬼味道，一股洗洁剂味，我呸！这肯定是贝壳的实验品来的！！"

就当他气得跺脚的时候，沼泽忽然看到了自己脚后面的一只老鼠……

"实验室真的有毒啊……"沼泽俯下身去，准备把老鼠洞堵上时，闻到了一股熟悉的味道。

——刚才他吃的鲲的味道。

"……贝壳你的实验材料都这么廉价的么？我投诉！"沼泽跑去洗手间呕吐去了，

远方的贝壳打了个喷嚏。

"沼泽……"飘狼胆大不怕死，问道。

"哦，没啥……对了，我说到哪里了？"沼泽顿了顿，继续说，"这样，你们明天早上跟我说一下感受，特别记住，今天晚上要做梦，一定要！"

这么无厘头的要求，我和飘狼一起忍了——怕被踩死，不对，半根手指头都可以弹死我。

当天晚上，我没有做梦。

"喂，飘狼，你做梦了么？"

"没。"

沼泽忍了。

看着他一点都不急，我和飘狼就安稳地睡了一晚又一晚，很惊奇的是沼泽也不急，只不过每天有一句问候语：

"今天，你做梦了么？"

我们的答案通俗易懂："没！"

某年某月某日，沼泽忍不住了。

他把我和飘狼从盒子里拿出来，把我们固定在了一个大——手机——屏幕前。

飘狼表示抗议，我表示不在意。

"那么，你们的体质有问题的话，我给你们看一段视频好了！"

第一个视频显示了一个人360度的长相。

第二段视频显示了他第一人称视角和别人握手。

第三段视频显示了第三人称视角看着他和别人握手。

视频很短，一共5分钟多一点就看完了。

"嗯……有什么感悟么？"沼泽问我们。

"没。"飘狼是耿直女孩。

……我的八千字感悟都快酝酿好了你跟我说这个？

"你们有没有发现，在你们变成这个样子以后……不对，没做过梦，就不用说了。"

"我来说吧。这个世界上，人做梦都是第三人称做的，这个我有仪器特别帮助留意了——但是在我，或者你们原来的世界里，做梦都是第一人称的。"

"而梦的唯一共同点就是神经都没有反应。"沼泽顿了顿，补充道。

"你想说明什么？"我眉头紧皱，觉得这人就是来找麻烦的。

"第三人称……第一人称……神经……身材大小……变小……变大……梦……神经……诶……"飘狼念叨着这一列毫无关联的词，忽然眼前一亮，差点栽在地上。

"你你你你的意思是……两个世界……梦？！"飘狼一脸不可置信地瞪着沼泽。

"嗯，明白了么？我们的实验就是拿仪器去检测记录志愿者的梦境，这也是我在你们世界的工作。"

"而失败指的是没有特别的采集成果，我没有跟贝壳说我们真正的实验。"沼泽说道。

"那么……梦境时间计算都是不准确的咯？"飘狼连忙问。

"这倒没有。梦境的方式是每个人以自己的视角，或者第三

人称视角看自己，而不是每个人几秒钟，时间拉长的理论。很简单
的逻辑，要是每个人有单独的一天，那么反过来怎么办？对面世界
怎么办？你就好像在一块小沙地上建了一座大城堡然后又要直接建
另一座……或者说，这样的话，梦境时间就岔开了，理论上是不行
的。"

　　"你们到底在聊什么啊？"我一脸懵看着我前方一大一小两个
人聊人生。

　　飘狼一脸鄙夷看过来："哎，傻不傻啊，总而言之，我们的世
界就是沼泽世界的梦境；反之，沼泽世界也是我们世界的梦境。这
边的人在我们看都是巨人，所以我们在梦境的时候是以浮空视角看

的，应该是浮在和你对应的人的脸前，达到眼睛的效果——"

　　沼泽赞许地点了点头——"而要是有触碰效果的话，因为比例
原因没有也不可能实际碰到——碰到的是你的对应者，所以神经没
有反应；反之，他们在我们的世界，因为太大了，基本要在画面外
面看，所以看得都是第三人称视角咯！"

　　我似懂非懂地点了点头："那么飘狼掐我我有反应的原因就是
我们的比例是一样的！"

"好蠢……"沼泽扶额。

"还有还有，为什么我们日常生活没有发现画面外人的存在呢？"

"简单来说，这个世界的人眼前浮着的隐形人不会受影响，而那个世界——恐怕画面外就是很外面了吧。"

"对了，沼泽你是什么啊，你前面叫我们你那个世界的小朋友？"飘狼忽然想到这个问题。

"我啊……我是很特殊的一类人吧，我也不知道为什么，我似乎在这个世界上没有发现对应者，就是没有和我一模一样的人。我在两个世界都从来不做梦。"

"那你是怎么来到这个世界的呢？"

"不知道。"沼泽一脸苦闷。"我刚来的时候，第一眼看到的就是一条鲲，然后就没有了。"

"飘狼。"

"怎么了？"

"我们刚过来的时候，眼前是不是闪过一个蓝色的东西……"

"好像有吧，怎么了？"

"……沼泽，鲲在这个世界很常见么？"

"嗯……这属于基因工程的范围了，没有天然的鲲，贝壳的鲲是自己独创的，独一无二的！这也是第一条蓝色的鲲，同时也是唯一一条。"

"……"

"沼泽，你把贝壳拽走了。"

"你背锅。"

沼泽："我怎么办？我也很绝望啊。"

【与此同时】

？？？：贝壳。

贝壳：嗯，怎么了？

？？？：贝壳，你找到没有对应者的……另外一个人了么？

贝壳：找到了。

？？？：同化成功了么？

贝壳：嗯。很适应世界。

？？？：好……

贝壳：对了，后面的适应反应不小心拽过来两个正常人，其中一个好像……还是你的对应者。

？？？【愣了愣】：嗯。

？？？：记得告诉她……那件事。

贝壳：第三个世界么？好。

后记

实验室里的贝壳是男的。

飘狼的同学贝壳是女的。

贝壳和沼泽争吵的时候，窗前走过去一个蓝色短发的女生。

叶开老师评：

　　什么情况？什么情况？怎么看不懂了？狼昨带着飘茶对着沼泽和贝壳频频地……咳咳，那个什么，你们真的是两个世界的人吗？你们彼此出现在对方的梦中？此文有没有惹恼飘狼？我不知道，惹毛贝壳没有？也不知道。要肯定的是确实不错，非常大的脑洞，而且非常的合理。尤其是把两个一直在忙着做实验一直失败的沼泽和贝壳"巨人"巧妙地引入，梦与非梦间，竟然是抱着自家宠物大鱼蓝色鲲的贝壳，他怎么与沼泽君成了失败的同伙？哎呀你怎么想到贝壳和沼泽是巨人的？这个梗？是因为"巨鲲"吗？我很好奇呢。平行世界的frenemy吗？这个跨度超大。我感兴趣的是，那两个家伙竟然是巨人，而小说里的"两个世界的梦"的解释合情合理。总之，我没看出什么破绽。开头定调超赞！"……也许吧……这……也许不是梦……"一下子就进入了一个独特的小说世界。至于人称和视角问题，你一直很钻研，简直专家了，但是会把人绕懵的。而且，竟然出现了第三个世界！读者"猪君"们还活不活了？

5　神　偷

开羽大人（李羿辉）　六年级

当鲲还小的时候……

一天晚上，贝壳同学在为下个月的期末考试做准备，只见他坐在课桌前，字正腔圆地背诵着《庄子》："北冥有鱼，其名为鲲，鲲之大，不知其几千里也……"

小小的鲲还在鱼缸里望着贝壳同学，突然感觉到浑身一震，只见背后出现了一个光圈……

早上起来……

"啊？"贝壳同学呆呆地望着鱼缸，双眼圆睁——因为鱼缸里的鲲消失了，"昨天还在这儿的！"

与此同时，在地球西半球部分……

"呼叫总部，呼叫总部，韩智博等人呼叫总部：超稀有生物'鲲'踪迹不明……"

"怎么搞的……"总部的西皇说道。

西皇开始烦躁起来："韩智博，你继承了你的先人——韩信的基因，希望你是个能干的人，给你48小时，找到那个抢了鲲的神秘人，不然的话……"

西皇掏出黑洞枪，黑洞里发出一道极亮的光束，立马粉碎了他面前的一颗红钻："你懂的……"（作者注：红钻代表着工资）

韩智博想了想，只好亲自上阵，去野外寻找这位神秘人。

壹

韩智博背着飞行器，来到了一片草丛中。

GPS显示器上显示——鲲位于正北方50米，不明生物，位于正北方50米。

不明生物？一定是那个家伙抢走了鲲！

韩智博披上用紫荆玻璃制成的马甲——这还是向"波特·哈利"借来的——比透明斗篷还拽，因为它能和自然融为一体。

韩智博披着它，超正北方向前进，一个声音悠悠地响起……

"北冥有鱼……其名为鲲……鲲之大……一锅炖不下……化而为鹏……"

正说着，草丛里响起一声悠长的鸟叫声，一只金色翅膀的鸟飞了出来。但很快，下面飞出一个绿色的瓶子，砸到它的身上，鸟一头栽了下去。

"死家伙，你还给我乱动……"那声音说道，"化而为鸟，其名为鹏……鹏之大，需要两个烧烤架……"

看样子，这家伙是要吃它！那自己接下来一个月就要喝西北风了！

韩智博拨开草丛，看见一个背影对着鲲念念叨叨。

"谁？"韩智博透过紫荆玻璃马甲，看见一个皮肤灰黑色的人，斜背着挎包，包里装的全是药水，还冒着绿色的烟气。

此人通体灰黑，黑发前面还有一缕白发，紫围巾，绿眼睛，肚子上还有很多缝合的伤疤——看样子像新缝的——左手里还拿着一个药瓶。

突然，那人站了起来，把手中的药瓶扔向韩智博。

只听"唰"的一声，韩智博活脱脱地出现在那人面前！

他怎么有解药？可以克我的自紫荆马甲？

"Too young too simple……"那人抱起又变回来的鲲，"拜拜了……"他朝地上扔了一个药瓶，走为上计。

但韩智博可是出了名的"韩跳跳"啊，怎么会就此让一个强盗跑了？他从地上一跃，把飞行器开到10000迈："嘿！那孩儿，鲲是我先发现的！"

那家伙止住脚步："怎么？你有证据？"

"当然，我在我们基地用电脑的GPS先发现的！"

"那还是我先抓到的！"

"不行，我的就是我的！"

……

争了半天，那人说："咱们比武吧，一局定胜负！谁赢了鲲就是谁的！"

与此同时，在东半球……

贝壳同学像掉了魂似的坐在课桌前。没有了鲲，连原先能倒背如流的《庄子》几乎忘得差不多了。

"鲲是神兽，说不定它会自己回来……"

贰

地球的西半球，韩智博和那个家伙正在热战中……

不难看出——韩智博是占下风的——他赤手空拳——尽管拥有非凡的身手。但那家伙有药瓶啊！只见他用手中的药水砸向了韩智博……

韩疑使出他"韩跳跳"的本能，一连躲过了几十个药瓶（还是踩着空中的药瓶躲过的！），但对面的家伙挎包中的药瓶似乎仍不完，终于……

韩智博被击中了，他倒了下去。只见那人向他走过来，准备用脚踏上他的胸脯，韩智博飞起一脚，踢中了那家伙的腹部：只见那家伙被缝合的腹部开裂了，五脏六腑漏了出来，好不恶心。

"鲲是我的喽！"韩智博说着，跑向被困着的鲲。

"不，不，还没完……"那人起身，只见他被踢裂的腹部又缝合了……治疗效果够强!

"你我再大战三百回合!"

韩智博有点抵挡不住了,他跑到草丛里:"呼叫总部,我是韩智博,请求支援!"

"总部收到!"韩智博手中多了一把等离子枪。

"吃个等离子弹吧!"一颗等离子弹向那人射去。"砰"一声,击碎了那人手中的药瓶,他也应声倒下。

韩智博放下枪,走向了被绑架的鲲,那人突然起身,说:"站住,你过来……"

"嗯?"

"你叫韩智博,韩信的后人,对吧……"

"是,不过……你是咋认识我的?"

"我经常听别人说你韩跳跳身手非凡,今日一见,果然如此,居然能躲过我的好几个时速为9000km/h的药瓶。"

"果酱果酱(过奖过奖),请问您尊姓大名?"

"鄙人名曰扁泽,扁鹊大人的后人。"那人答道。

二人握手——真是不打不相识啊。

"那么,鲲……是谁的?"扁泽说。

"咱俩的!"韩智博扛起了鲲,"回基地吧!"

叁

"扁泽,你要鲲干啥?是不是为了吃?我听你在草丛里念叨:'鲲之大,一锅炖不下……'啥啥的。"韩智博问。

"……"扁泽尴尬地说，"你听见了？别聊这尴尬事儿了。不过你要鲲干吗？"

"老板经常让我们去偷一些神兽。老板说他要用这些神兽来研究，也没告诉我们要研究什么……反正他和助手们的办公室我们是不能进的——到现在，我都没见过他的助手长啥样。"

"嗯，可疑……其实，我也是个神偷。"扁泽怪不好意思的，"曾……计划偷开羽大人的马……"

"开羽是谁？"韩智博问。

"你连开羽都不知道？他可是这里最厉害的赛马者，使得一口冰龙偃月刀，坐骑是冰龙独角兽（马）。"

到了基地。

"西皇老板，鲲带来了！"韩智博把鲲捆好，放在老板面前。

"很好，明天给你发工资，我研究去了！"西皇走进办公室，把门一关。

"走，去看看！"扁泽提议。

"我怎么办？我执行任务时的套装一时半会脱不下来，走路很响的。"

"我背你过去，嘿——"没等韩智博同意，扁泽背起韩智博，跑到基地的后面，透过窗户看。

"蓝助理，取出最大号激光刀，解剖鲲！取出左心室的血，与氢氧化钠溶液以10：1比例配置！"西皇说。

"准备完毕！"旁边的一个高个子助理答道——她应该就是"蓝助理"吧。

"接下来的步骤我想你知道，看着办吧，我等着我的赚钱机器！"

赚钱机器？

"谁？"西皇朝窗户口望了一下，看见了韩智博的脑袋，"韩智博？！"

"不好，被发现了！"韩智博低下头，催促扁泽赶快跑。

"想跑？墨一号战甲，准备！"

"墨一号战甲，准备完毕！"蓝助理说。

"唰——"

韩智博和扁泽一同出现在实验室——原来是墨一号战甲召唤虫洞，从虫洞的黑洞的一边吸进了韩智博和扁泽，从白洞的一头出来，掉进实验室。

"哎呀，看看这是谁呀，有名的小偷扁泽呀！最近咋样了？开羽的马偷着没有啊？"西皇看见扁泽也在这。

"你到底要鲲干什么？"韩智博问道。

"你猜我要它干什么？"

"我们在窗户那听到，你要等着你的赚钱机器……"扁泽说。这时，他看见了桌子上的一瓶奇怪的药水，心生一计……他向韩智博做了几个手势。

"没错！"看瞒不下去了，西皇只能招认了，"抽掉他的血，与氢氧化钠融合，再来点蛇洋葱的汁，里面还有我的DNA，如果药水一旦生效，他就会服从DNA主人的命令，张开大嘴，躲在暗处，偷走别人的快乐，将这些快乐偷过来，稍一加工，再换给那些被窃者，他们就会如行尸走肉一般，服从我的命令！偷走更多的快乐！"

"小扁泽啊，现在看看，谁才是最厉害的神偷？我也真不想毁坏你的第一神偷梦，可是意念催促着我必须毁坏它！哈哈哈哈哈……"

扁泽听了，把手中的药瓶用力砸向西皇，但西皇的墨一号机甲可不是吃素的，他用机甲上的刀两下子砍碎了药瓶。

"变形——出发——"机甲瞬间变成铁红色，两手向前一推，一个红色的等离子球在两手之间，越来越大，最后化成一道光波，射向扁泽。

那个蓝助理早都跑得无影无踪了。

"轰——"一声巨响，扁泽昏厥过去。

"扁泽——"没等韩智博靠近，西皇就已经用桌子上那瓶药水砸中了扁泽，"你，将成为我的第一个帮我偷走快乐的奴隶！"

只见扁泽爬起来，眼神空洞，嘴里发着怪音。

"抓住他！"西皇说。

扁泽突然朝韩智博的方向冲过去，将其扑倒在地，猛地掐住他的脖子，掐了一分钟。

西皇开着他的墨一号战甲，来检查韩智博，只见他已经翻白眼了。

"哦，韩智博啊，你竟然败在了从前的　'一代神偷'扁泽手中，真是不幸……"然而西皇并没有注意到身后的咔咔声。

韩智博突然翻起来，飞起一脚，竟把墨一号战甲踢散架了。

　　只剩下西皇在那呆呆地站着："怎么回事？不可能……不可能……"西皇一个劲地念叨。

　　他猛然回头，看见了身后的扁泽："你小子不是被我控制了吗？怎么没事？现在没有对此药水免疫的人。"

　　"嗨，伙计，我说你演技可真不咋地。"扁泽站起来，对韩智博说。然后转身对西皇说："嘿，先生，你是在找这个吗？在我这里。"说着拿出那瓶奇怪的药水。

　　"你再看看那瓶药水是什么？是我的药水——恢复药水。难怪我起来精神百倍。那么……接招吧！"扁泽趁西皇不注意，把那瓶药水砸中了他。

　　"你会让他发疯的！"韩智博提醒他。

　　"不，"扁泽说，"我在里面添加了一些东西——当然不能告诉你，不过你看——"扁泽指向西皇，说了一声："跳舞！"

　　只见西皇缓缓地起来，像个傻子似的，嘴角流涎，像蛆一样摆动身子，踮起脚尖，在跳"芭蕾"。

　　"出去！"扁泽大喝一声，西皇就跳着"芭蕾"边扭边出去，消失在深林里……

　　"耶！"两人击掌。

　　现在是时候改造一番了。

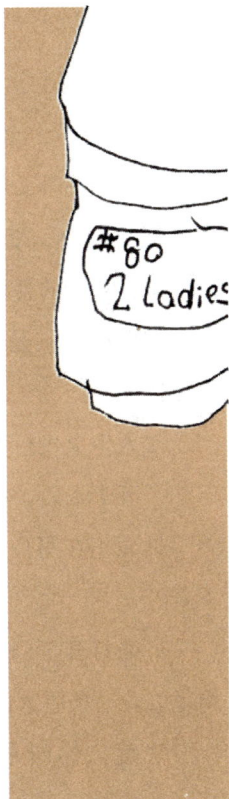

肆

他们把鲲从手术台上救下来。

他们改造了西皇的研究成果，制造出了一种机器人。

机器人叫鲁班二号，也有神偷的程序，不过他们偷的是别人的烦恼。把烦恼偷走，进行精加工，成为一种新的能源，通过这些能源来发电，把电输送到千家万户。

这能源是他们合伙想出来的，居然比太阳能发电还给力。

后记

壹

他们开始养着鲲。

但几天后，鲲开始表现的反常：近视度数比原先少了许多，闷闷不乐，众多的鲁班二号也对他没办法。

"看样子它是想念主人了，我们把它放回它该去的地方吧！"扁泽提议。

二人坐上飞行器，飞向东半球。

"五十米后，在贝壳住宅停下。"雷达显示。

贝壳正在写作业，看见两个穿着特殊制服的人从门口的飞船走下来。

贝壳打开了门，看见这两个人扛着一个巨大的水箱走进来，水箱里放着一条巨大的蓝色的鱼——鲲。

"鲲！你回来了！"贝壳一见，跑到水箱前面，"想死你了。"

"谢谢你们帮我找回了他。"贝克向他们致谢，"你们是？"

"我们来自西半球，我叫韩智博，他叫扁泽。"韩智博说。

"时间不早了，我们还要回去呢，再见，贝壳！"

"再见！"

贰

只是扁泽忘了，他新调出来的傻瓜药水是有时间限制的……最多两个小时……

西皇是否会重回江湖呢？且听下回分解。

叶开老师评：

哎呀呀我太严肃了是不是，贝壳和他的鲲可被你们玩坏了。不带这么玩的。开羽君你的这部《神偷》写了一个很奇特的结构，韩智博受西皇的派遣，去偷贝壳君养的那条巨大的蓝色的鱼"鲲"，结果与另外一个神秘人扁泽对打，各种打，直到"不打不相识"皆为朋友，这才发现，他们一直在抢的"鲲"到了西皇的实验室，被他的"蓝助理"等一起做解剖，要用这条"鲲"的血液和西皇的DNA一起混合，做成一个能偷别人快乐的超级神偷，这样，西皇就可以偷走所有人的快乐控制整个世界。然后他们研发一个药水。韩智博和扁泽一起，紧密合作击败了西皇和他的能够召唤黑洞的机器人墨一号机甲，把"鲲"抢救了回来，并且送还给可怜的贝壳君。我第一遍没怎么看明白，后来看了第二遍，发现核心结构是西皇要盗取别人的快乐，然后控制整个世界。西皇为什么要这么做？他要吞并整个宇宙还是要重新创造整个宇宙？另外，贝壳君为何能养一条"鲲"？你也知道，"鲲之大，一个锅炖不下"，是"不知其几千里也"那么大的。就算是一条小"鲲"，恐怕也不小吧？很不小，比一艘航空母舰还大吧？除非，你特别说明，认为"小鲲"确实小，只是长得超快。如果那么快，贝壳君怎样养呢？哈哈。要考虑一下。我的天，哎呀，到底怎样一条鲲呢？还有人，例如狼昨，竟然打算"吃鲲"，写了一篇《吃鲲记》你能接受吗？

6　罗茜的游戏

莞若清风（龚莞清）　五年级

引子　查理·瑟罗

　　我叫罗茜·卡琳娜，不过我不喜欢别人叫我卡琳娜，因为我认为这个名字太弱了！我是一名14岁的女生，正在战斗学校学习。战斗学校你们应该都知道，因为这所学校出了个名人——安德（详见《安德的游戏》一书）。我同时也是凤凰战队的新一任战队长。不过在战斗学校里有一个我十分讨厌的人——查理·瑟罗。他是飞龙战队的战队长，我之所以讨厌他是因为他总仗着自己技艺高超而目空一切，狂妄自大。

第一章　凤凰战队

任职凤凰战队战队长的那天，因为想给队员们留下个好印象，我挑出了凤凰战队里最漂亮的一件战队服，还配了一双常年未碰过的长筒皮靴，扎了一个漂亮的马尾辫，来到凤凰战队宿舍门口，就听门内是各种吼叫声一片，一点也不像其他的战队宿舍。我推开房门，只见一群女孩子东倒西歪地坐在自己的床沿边，看到我进来了，立刻停止了争吵，喊道：

"长官好！"

"没有男孩？都是女生？"我惊讶地问。

"对，长官！"其中一名女生回答。

我从未见过如此"特别"的队伍，环绕着宿舍走了一圈，老天！这么散乱的队伍，怎么和别的战队战斗啊？咦？有一个床位是空的，还有人没来？忽然，门开了，进来一位黑短发，黑眼睛身体健壮的女生，约莫14岁左右，她见我已经站在宿舍里了，乌黑的眼睛里闪烁着惊讶，连忙向我一鞠躬，说：

"长官对不起，我迟到了！"

我示意她坐到唯一一张空床上，结果那女孩一坐下便叽里呱啦地说着说那。我跺跺脚，鞋跟"啪嗒"作响，她才安静了下来。不过还没有等我发话，她又开始"高谈阔论"了起来，我又轻轻跺了一下脚，她仍旧继续"演讲"。我不理她，询问每个女孩的名字，那个健壮的女孩抢着说：

"我叫森比·凯特！"

　　然后剩余的女孩挨个儿说出自己的名字。我对这种漫不经心的感觉很不舒服，便高声说：

　　"从明天起开始训练，每天早上七点整，在训练室等我！"

　　"是！"女孩们的回答并没有多少激情。

　　第二天早上六点，我来到训练室，跳上跑步机并把速度调到最快，顺手从地上抓起两只哑铃，边跑边举哑铃。七点钟一响，女孩们都晃晃悠悠地走了进来。我让她们先做各种基础体能训练，3000米绕圈跑，100个俯卧撑等，结果除了森比，其他女孩都累得趴在地上了。接下来我让她们拿出各自的看家本领，进行一次对战训练，顺便了解一下各个队员的优缺点。在练习中我渐渐发现她们虽然体能差了点，纪律差了点，团队合作差了点，但她们每个人都有自己的绝技。有的力大如牛，有的身手敏捷，有的射击精准等等，这让我一下子欣喜了不少。至于那些缺点嘛，简单，加倍练习就好了，于是一份"魔鬼训练"计划随之宣布出去。就这样每天从早一直练到晚，个个都汗流浃背，大汗淋漓，晚饭都是一碗接一碗的米饭下肚。9点一熄灯，宿舍里就传来一阵阵此起彼伏的呼噜声。

第二章　飞龙战队

　　经过三个多月的"魔鬼训练"，凤凰战队的队员已从毫无纪律的一盘散沙，蜕变成了智勇多谋、技能突出的精英团队。在参加战斗学校的各种比赛中都取得了优异的成绩。

　　这天早上，我从饭厅回到宿舍，在书桌上发现了一张任务单，上面写道：

凤凰战队　　VS　　飞龙战队　　早上9点整

飞龙战队？我一看手表，哇，已经8点半了！我迅速套上玫红色的战队服，插上冷冻枪，跑到了战队宿舍门口，一把推开门，朝里面大喊：

"立即换上战队服！9点整和飞龙战队较量！我们要先去热个身！"

队员们各个愣愣地看着我。

"快啊！一二一二！愣什么？"

队员们才反应过来，一边套冷冻服一边小声嘀咕：

"飞龙战队，安德的战队哎！终于要和他们对战了，听说他们队全是男生哎！"

"飞龙就飞龙！现在的飞龙只是沿用名字而已，安德带的队员早就成年离开这里了！全是男生又有啥了不起的，给那个破查理·瑟罗看看，女生也不比他们差！快点快点，咱们先去练练枪法！"

我们来到战斗室门口，24个玫红色身影纵身跳入反重力战斗室，自觉地在空中分成4队。我最后一个跳入战斗室，并向空中洒出一些目标球，喊道：

"A组射击！"

A组的10个女孩以高超的射击技术成功地在三秒内击落了所有的目标球。其他3组也同样完美地完成了任务。

"叮——，凤凰战队和飞龙战队准备战斗，请两方各自回到己方阵营内，还是老规矩，哪方队员先到达对方大门或冰冻对方所有队员就获得胜利！"广播响了起来。（战斗规则：不能攻击头部，击中胸部就直接挂，击中四肢还可以继续战斗）

我和队员游回自己的阵营，并对队员们说：

"姑娘们，舒展筋骨的时候到了，记住安德留下的话：敌人的大门在下面！"

队员们纷纷点头。

"千万不要轻敌，这次战役很重要，关系到我们的前途，不要再出现上次和火蜥蜴战队一样手下留情的状况。拿出你们所有看家本领，战斗开始！A队跳到第一颗星星的背后，攻击飞龙！"我快速地说。

A组的队员纵身跳到第一颗星星的背后，猛击对方，击落了5名队员。对方同样眼疾手快朝A队射击，击落了我们3名队员，另有一位队员被冻住了脚。

"B队、C队出发！B队正面出击，引诱敌人，C队隐藏其后从侧面攻击！A队剩余队员援助C队！冻住腿的队员由B队人拉着引诱敌方！"

B队、C队队员跳入战斗室，C队巧妙隐藏，B队故意靠近敌方。敌人用枪猛击，击落了我们的5名队员，幸存的两位急中生智，采取了"装死"策略。正当敌方嘲笑我们送死时，C队以精准的枪法击落了对方10名队员！现在我们以多7人的优势遥遥占了上风。正当我小得意时对方又击落了我们的3名队员！我急忙喊道：

"D组跟我上！直击对方大门！"

D组的队员和我直冲敌方，我左臂中了一枪。忽然，我听到对方一阵狂笑，我回头一看，天哪！飞龙队的一个小兵已经到了我们阵地大门口了！我见我们离对方大门也不远了，便猛一蹬脚，也抓住了他们大门的门栏杆，又猛地一跳，跳入了对方的大门里。可是我发现，我晚了一秒，对方在一秒前就跳入了我方大门。最后，系统判了飞龙战队获胜，排名榜上，飞龙战队的橘红色不再和凤凰战队的玫红色并排，而是独居在了第一的位置。

事后，我仔仔细细地反复看了战斗回放，总结失误，发现那个跳入我方大门的人正是查理·瑟罗！嗯？不对，他怎么多带了一条激光绳和一把大型冷冻枪！

他作弊！

我急急忙忙带着光碟去找校长，要求他给我一个说法。

校长却告诉我无法更改名次，除非我能找到证人，因为有可能我假造了光碟。我气得脸上一会儿青一会儿紫，一回我的战队长宿舍便边砸东西边狂叫：

"我恨飞龙！我恨查理·瑟罗！他个大无赖！作弊！太可耻了！"

不是因为我好强，是因为这场比赛决定了战队的排名，决定了战队长的排名。在榜首的战队将升级为太空战队，战队长将升为太空战队高级统领，到指挥学校学习，和安德一样当大英雄。而下一次晋级太空战队，要等到8年后了。8年啊，原本可以早早实现的梦想现在却因为一个卑鄙的小人而破灭。我越想越生气，越难受，趴在床上哭了起来。森比和其他几位队员进来，问我怎么回事。我泪眼模糊，口齿不清地告诉了她们关于查理作弊的事情和校长的回答。森比听后也十分生气，说：

"这个臭飞龙，我们会卷土重来的！"

"怎么卷土重来？一个月以后，他们就要去指挥学校了！"我哭得更凶了，抽泣着说。

森比她们吃惊地看着我，沉默了一会儿，森比才说：

"他们要去指挥学校了？"

"对啊，所以我才在赛前告诉你们这场比赛很重要，但怕你们压力过大没有告诉你们实情，其实这次对抗赛的成绩关系到能否晋级成太空战队，然后去指挥学校学习！"我哽咽着，用勉强能听懂的话语说。

森比和其他女孩默默地坐到我身边，也开始静静地哭泣……

第三章 查理为什么要这样做

第二天一早，我红肿着眼睛起床，来到饭厅。看见大屏幕上第一的橘红色和第二的玫红色，一阵怒气涌上心头。我努力想把怒气压下去，瞪着眼睛，大口大口地深呼吸。凤凰战队的其他成员知道我还在生气便也沉默不语，低着头，静静地吃饭。

坐在我们斜对面的飞龙战队欢声笑语，不时向别的战队炫耀。

我忍不住了，摔下勺子，猛地站起身，对着飞龙战队一阵臭骂："你们太可耻了！作弊赢得的比赛，还有脸炫耀？只有小人才会作弊！没想到，战斗学校会招这种学生！"

几乎全饭厅的人都看着我和飞龙战队。

"卡琳娜……"查理·瑟罗说。

"不要叫我卡琳娜！"我气冲冲地喊，说完，给了查理一个响亮的耳光，插着腰，走了。

查理愣愣地看着我，鲜红的五指掌印印在他的侧脸，他支支吾吾地嘟哝了几句，我没有听到，我也不想听到。

晚上，我训练完了以后，在前往浴室的途中又遇到了查理，他的侧脸上还隐约泛红。查理貌似想说一些什么，但又好像没有准备好，结结巴巴地轻声说：

"罗……罗茜？"

我不理他，继续迈着大步向前走，可是他一把拉住我，把我推到角落里，我挣扎着要走开并冲着他大吼大叫，他连忙捂住我的嘴，说：

"小声点，我是跟你来道歉的！对不起，我的确作弊了……"

"你再道歉也没有用！"说完我猛地推开查理，自顾自地径直走到女浴室门口，回头望了一眼查理，两人眼神在半空中相遇，又立刻同时转过头去，不过，在他眼神里，我看到了坚定，他在坚定什么？我不知道，我也不想知道。

又一天早上，我来到饭厅，这次我没有看大屏幕，我不想看，反正看不看都一样，玫红色肯定被压在橘红色下面，看了只会更生气。这时候，森比戳了戳我，说：

"看大屏幕！"

我不情愿得抬头一看，差点没叫出声，原来，玫红色升到榜首，而橘红色却掉到了第二名的位置。我转过头来看查理，他也望着我，脸上挂着淡淡的微笑。难道是他改变了名次？不可能吧！

餐后，我一把拉住查理，把他推到墙边，问他：

"是不是你找的校长？"

他点点头说："是的，我告诉了校长我作弊的事，他说那我就不可以晋级到指挥学校了，我说这总比我当伪君子好。不过校长看在我战斗技艺高超和认错态度良好的情况下，破例让我入选，不过不能成为高级统领了。"

我盯着他的眼睛，突然觉得他好可爱，蓝眼睛里的光芒好明亮，好有智慧，薄薄的嘴唇吐出的话语都是那么真诚。

我将目光移开他，继续问道："但我不明白你为什么要这样做。"

查理平静地说："一开始我为了能追上偶像安德的脚步，不分日夜地拼命练习技能，渐渐地我觉得我可以比安德更厉害，更强大，我要超越他！所以我要不惜一切代价进入指挥学校，只有这样了我才能超越他并取代他成为新一代的救世英雄。"说到这，查理突然露出一丝苦笑，"是的，最终我赢了，可那不是正大光明赢来的。我的内心变得很不安，安德肯定不会如此做的，他会嘲笑我甚至鄙视我。是我损坏了飞龙战队的名誉，让王牌战队蒙羞。经过挣扎，我最终决定向校长坦白。现在我感觉好极了。对了，恭喜你晋级成功！"

第四章　地球的侵略者——天族

现在，我已经是太空战队5号战队的高级统领，查理是我的助理。在指挥学校两年多的学习中，我和查理成了无话不谈、亲密无间的战友。毕业演习刚刚结束，我们都以优异的成绩毕业，成为一名真正的太空战士，保卫我们的地球。

现在，我们要面临的是真正的敌人——天族。

刚到太空战队报道没多久，我们就接到上级通知：以前我们太空战士保卫地球从不主动攻击别族，但自虫族以后，其他星球上的族类也蠢蠢欲动，想要占领我们地球。为了避免地球遭遇毁灭，此次我们将主动去攻击比虫族还厉害的天族，给那些蠢蠢欲动的族类一个下马威。

全体成员进入一级战斗准备！

三天后，我们和天族的战斗正式拉开了帷幕。

"三，二，一，战队启动！"耳机里传来了上级指挥官的命令。

我眼前的屏幕亮了起来，一大波天蓝色的战机出现在我们战队的面前。我对着麦开玩笑似的说：

"战机比我们的漂亮哈，不知实力如何啊？"

无人机队员和查理都"咯咯"笑了起来。

"OK，大家把屏幕放大，对，看到了那个天蓝色的母星了吗？我们就要像安德以前打败虫族一样，把天族的母星炸掉！"

天蓝色的战机缓缓地向前挪动着。

"看来他们战机速度不快，我们想办法绕过他们，并用我们最新研制出的'小医生'战斗炮弹来毁灭他们的战队！"查理的声音从遥远的D队指挥船里传来。

"对！不过我们要怎么才能绕过他们呢？"这是森比的声音。

"爱伦，你的无人机队吸引敌方火力，森比队、卡洛（凤凰战队B组小组长）队当对方集中攻打爱伦时掩护森比的1号'小医生'炮弹，然后再运用炮弹的连锁反应，一发'小医生'炮弹连锁炸除天族的一些战机。查理队和汉娜（凤凰战队C组小组长）趁敌方惊慌之时，合力攻击出一片可供我方发射'小医生'炮弹的无敌人区域。最后，莱斯利（凤凰战队D组小组长）队潜藏在别队无人机后，负责最后炸掉天族母星！"

"貌似很简单的样子嘛！"是凤凰战队的另外一位队员，爱伦·克西那细细的声音。

"可千万不要轻敌啊！"我回应。

"爱伦队，出发！"我继续说。

战斗正式打响，爱伦队牺牲了不少无人机。不过做得很好，成

功地吸引了天族的注意力。

森比队的掩护也做得很到位。不过，到了汉娜队那里，情况变了，天族比虫族聪明，他们揣摩出了我们的计划，并以最快的速度分开，巧妙地避免了炮弹的连锁现象，并将战机队环绕整个母星，里三层，外三层，怎么引诱都不起作用，就在这时，查理像发现了什么似的，"哦——哦！"地叫了起来。

"什么情况？"我问。

查理没有回答我，依然"哦——哦！"地叫着。然后，查理的战队便不按命令行事，直接冲向天族飞船的重围。

"不，查理，不！你不要命啦！你不是在操纵无人机啊！"我惊叫。

"为了战队，为了地球，为了打败即将使地球遭遇血之洗礼的天族，我这条命值得！"

"可是你要干什么？你这是无意义的送死！"森比插进话来。

"我发现天族和虫族一样，都有一个女王，被他们保护在正中，只有冲进去，发动我飞船上的2号'小医生'，炸毁女王的飞船才行！"查理说完后，加大火力猛地一下冲进天族战机。我在屏幕上只看到一阵激光扫射，接着是"砰"的一声，然后除了队员们的呼吸声，世界一片宁静。天族的飞船一动不动，接着一阵阵爆炸声响彻天际，天族所有的蓝色飞船销毁了，只留下残片在空中飘荡。

"这是战斗结束了吗？我们胜利了？"森比问。

可没有人为战役的胜利而欢呼，因为，查理死了！就在大家还沉浸在失去查理的悲痛中时，忽然，我在耳机里听到了一阵阵呼救声：

"救命，快来救我！"

"查理？"

"对，是我！我还活着！惊不惊喜，意不意外？不过我全身都好痛，你们快来救我，我正趴在天族女王的飞船碎片上，快来啊！"

我立刻命令操控森比队主战机的森比去救援。四分钟后，我听到森比的尖叫：

"圣玛丽亚在上！你全身碎了不下十根骨头！还几乎体无完肤！"

"是呀，"查理说，"疼得要命，快帮我上飞船！"

又过了几分钟，耳机里传来森比气喘吁吁的声音：

"我……我接到……到他了！他……可真重！"

大家都笑了，笑得比平时更高兴，爽朗。

第二天，在战机里作战的战友们都回来了，当然，查理也回来了，只不过他进了手术室。手术后，我坐在仍未苏醒的查理身边，凝视着他，将手拂过他那插满管道的面颊，嘴中念叨着：

"你太勇敢、太厉害了！从那个靠作弊赢比赛的小无赖到宁可为了保护地球而牺牲自己的生命，在我心中你已超越了安德！"

第五章　一切都是那么美

依然还记得最初在战斗学校斗得面红耳赤，恨得咬碎牙根的感觉；依然还记得在指挥学校亲密无间、互相扶持的友情。在经过恨的渲染之后，我们的友谊变得更加深厚。要是没有这友谊，我们谁，也坚持不到最后。

叶开老师评：

莞若清风的这篇《罗茜的游戏》写得太好了！你设定的凤凰队卡琳娜和飞龙队查理这一对"相爱相杀"的学校对头和后来的队友，其中在比赛过程中查理作弊，赢得了比赛。但是，因为卡琳娜的愤怒，查理承认了自己作弊的事实，去找校长说明了状况。这样，凤凰队获得了胜利，而飞龙队降到第二名。因为诚实，查理得到了宽恕，并且也被提拔到了指挥学校，做了总指挥官卡琳娜的助理，他们一起主动出击去攻击比"虫族"更可怕的"天族"。这些"虫类智慧生命"发现了地球，一直在试图攻击地球，并且毁灭地球。因此，太空站队奉命主动出击，而卡琳娜指挥的5号战队，直接攻击了天族舰队。在紧要关头，查理发扬了巨大的牺牲精神，驾机直闯天族舰队核心，以"小医生"攻击女王旗舰，消灭了天族。本来以为牺牲了的查理，伤了十根肋骨，但是活下来了。这里，查理怎么活下来的，你可以再进一步交代一下，写一下为何能在必定毁灭的进攻中活下来。这篇作品，你写得真是结构明晰，节奏紧凑，让我读了非常过瘾，是很成熟的一部作品了。最后，查理和罗茜是不是应该，咳咳，应该恋爱了？不过，两个超级英雄如果恋爱的话，并不一定是有真正的好结果，都太强了，还是不如你的设定好：做好朋友。

7 爱从不犹豫

枫小蓝（谢崇云）　七年级

　　"因为爱，我害了你，而你从没勇气害我。因此，镰刀帮我们不犹豫，终结了我们。"

——引子

1.无法回头

　　"永远不要犹豫。"他曾用平静的话语这样告诉我。

　　但是，我从没有听他的话。因此，现在，一切都无法挽回了。

　　我失去了他，而且就好像失去了一切……

　　现在的冥界，已经没有欢乐。作为冥界的两位鬼使，我们本该负责一切。死亡……笼罩着我们。好吧，也许我们本来就是管理生死的——鬼使，但，现在，没有了他，我已没有力气去拯救冥界了。

我是鬼使黑，他，就是鬼使白。

从前……我们还是非常好的兄弟，他负责征服灵魂，我负责收割灵魂。简单来说就是，他杀我埋。是啊，多么"温馨"的画面。

昨天，黑暗从四面八方袭入冥界。

"撑住！"他对大家说，并拉起我的手，"小黑，走，我们必须打破黑暗。我们要救其他人。"

"为什么是我们？"我竟问出如此愚蠢的问题。

"因为我们是鬼使！"他有些气愤地瞪了我一眼，拉起我跑了起来。

黑暗在眼前散开。一个黑影站在不远处。

"没错，还是他，那个地狱的坏蛋。"他轻声说道，"走吧，制服他的灵魂，黑暗就会散去。"

一声巨响。

我看到他的白色方旗在诡异的风中摇曳，红色的旗子边缘显得格外耀眼。突然，像一道闪电，天地似乎被炸成了两半，那道强烈的光刺得我几乎睁不开眼睛。他非常威武，我想。现在，该我去收场了吧。

但是，回应我们的是更猛烈的攻击，我们忽略了那个黑影的实力。时隔这么多年……那个黑影，一定也长进了不少吧。小小一个招数……是打不死的。

我什么都看不清。黑暗太强烈了……

"啊……小黑……"他的声音逐渐在减弱，不过我再次看见了他那白色的旗子。黑影倒下了。

"小黑……！"他竭力在喊我，"快！再不解决他的灵魂，就来不及了……永远不要犹豫！"

当时，我看向黑影倒下的身影。他的灵魂腾地浮现，竟然……是小白的模样。

"小白……"我喊道。

"不要！不要被他所迷惑！小黑——"小白在我看不到的地方叫喊。我犹豫着。接着，"啪啦"一声，黑暗再度袭来，恐惧包围着大地。黑影发出声嘶力竭的吼叫，一招劈向大地。"啊！"我听到他的呼救声。

"小白——！！不！"我痛恨地望向黑影。小白再没有发出声音。我再没有看见他那白色的旗子。我努力挥动我长长的镰刀，使尽全身的力气，砍向那个黑影。

我不敢看。如果失败了，我就也得离开冥界了。就连替小白报仇的机会都没有了。

四周一片安静。还好……我心想。就算同归于尽……也值了。

可是……小白也被那黑影带走了。

"永远不要犹豫……"小白曾经说过的话回响在我的耳畔。

2.归来？背叛？

"小黑。"那天，我正在练习我的镰刀剑术……却听见一声亲昵的呼唤。

我转身。要不是他那独一无二的笑容和无法仿制的白色旗子，我根本不会相信他回来了。

"什么……真的是你？小白？！"我讶异，大叫。

"你去哪儿了？我还以为永远也见不到你了！"我抱住他。然而，他机械地推开我，再没有刚才呼唤时的亲切。

我迟疑："怎么了？小黑？"

"我……现在不是冥界的人了。"他低声说，"我……被押到了大天狗那儿，被制服了。从那以后，我的白旗失去了一切制服灵魂的法力。"

"什么？"我反问，"你不是冥界的人了？！那，那我以后怎么办？那……"

"小黑。"他打断我，"我永远是你的好兄弟。我永远爱你。这一切，都是你那次的犹豫造成的。但是我不会责怪你。"他凄惨地笑了笑，"是的，他们派我来……杀你。"

我看着他："不然呢？"

"不然他们会砍了我的头，毁掉整个冥界。"

"可是，你杀了我，也等于慢性毁灭我们的冥界。"我说。

"我知道。"他不敢看我，"所以，打死我我也不会杀你。"他鼓起勇气，突然抱住我。

我没有回答。

3.我们永远不会犹豫

深夜。

我躺在床上，翻来覆去，怎么也睡不着。

他不知道跑哪里去了。

不知道过了多久，迷迷糊糊中，我感觉到背后有人。但我没有理，以为只是风吹进来的声音。我接着睡了过去。

但是，后来，我猛地睁开眼睛。映入眼帘的，是……一把长长的镰刀。我的镰刀。我不是把它靠在了床头边的吗？它……怎么在我脖子旁边？！

接着，我听见有人在哭。很小的声音，但离我很近。

我有些愤怒，竟有人偷偷想用我的刀谋杀我！我拿起镰刀，坐起身，向后看去。

我根本不敢相信我自己。真的是他：小白。

"小白？！"我大叫，努力平静自己，"为什么？"我想起他说过，不论怎样都不会杀我，我们是好兄弟。他爱我，我也爱他。

他哭得更猛烈了。

"小白，如果你不敢杀我，那我自己动手好了。"我轻声说，"我知道你怕，怕我死，更怕你自己死。你曾说过……永远不要犹豫。嗯，杀人这种事情……从不能犹豫。哪怕，这灵魂是你亲兄弟的。"

他的眼睛哭得红肿："不，小黑……不要！我不要你死。"

我最后看着他。他满脸憔悴，一点血色都没有。害怕和背叛使他看起来非常弱小。这……不是我所知道的小白。

我终于记住了他的话。永远不要犹豫："小白，不许想我。"

说完，我急速举起自己的镰刀，猛地戳向我自己。我不后悔。从来不。

"为什么？！为什么要这么做？！"我听见他在叫喊。

"因为我爱你。"我用最后的力气回答，他应该听得见吧。

我的意识还没有完全消失，在最后一刻，我感觉刀被拔了出去，迷迷糊糊中……竟看到他用镰刀非常不熟练地刺向自己，就像我的动作一样。

"小白？"我有些绝望地看向他，接着我再没力气睁开眼睛。只能感觉到，泪水湿了眼眶。疼痛袭来。不过，我马上就要去……去那个灵魂该去的地方了。

"小黑，我不后悔。因为我也爱你。我陪你一起走哦。"他的声音极其微弱，但我依然听得见。

叶开老师评：

　　枫小蓝这对"黑白"鬼使的设定，非常符合"相爱相杀"的要求，而且你升级了"黑白鬼使"这种传统的设定，让他们进入了更为广阔的领域，成为清扫世界的核心力量。而"黑白"的组合，也是非常有效率的。除了，那次黑暗笼罩世界的进攻，让"小白"失去了自己的法力，被黑暗势力制服了，并被派回来刺杀"小黑"。而他的情感仍然存在，无法下手。鬼使黑和鬼使白的"黑白双煞"结构，让这对frienemy的效果很明显。不过写作上，这样的做法有点虚，从虚推到虚，不是特别的贴实。我考虑了一下，觉得在开头对"冥界"要再加一点限定，写写这个你小说中的冥界到底是什么形式的，与阳界有什么差别，黑白两位鬼使的具体工作是什么，这样会使故事更为有力量，也会更加感人。另外，作为第一人称写作，这个"我自杀"，和"死亡"，有些奇怪。假设是"自述"，如何还能在"死后"讲述呢？也要制造一个合理的设定：例如1：没死；例如2：升华了。都可以，你可以考虑一下。

8 风霜雨露

雪穗·茗萱（朱硕） 六年级

互怼篇

铃风、琉霜、思雨、璃露，四个死敌兼闺蜜。铃风是风精灵，琉霜是冰精灵，思雨是木精灵，璃露是火精灵。作为同时代、同年龄、同学校的同桌、前后桌，四个人知己知彼，百战百怼，从不厌倦。互怼得最厉害的是铃风和琉霜。

两个人怎么互怼呢？

下雨了，铃风说："琉霜来了，太阳都跑了，不愧是琉霜。"

两个人一起出去，琉霜说："因为我跟铃风在一个空间里，空气都变臭了。"

两个人干杯："有仇报仇，有冤报冤，干！"

四个人也经常比试。

在学校里，铃风写字的时候，坐在右边的琉霜拿胳膊肘一顶铃风的右胳膊，铃风的作业上立刻留下了一道长长的笔痕。铃风瞪着眼睛，将右手一挥，一道狂风袭来，将琉霜的作业本卷到了外面去。琉霜急得面色通红。铃风后面的思雨坏笑一声，从地上施法变出一条藤蔓，卷住了铃风的椅子，用力一拉，风铃"哐当"一声跌倒在地。思雨的同桌璃露是最见不得使小聪明的人，她也瞬间幻化出一道火焰，在那藤条上面一点，藤条被烧得干干净净。铃风也风借火势，用自己的风将火焰往后面一推，火焰直朝思雨烧去。当火舌就要触碰到思雨时，琉霜手指尖喷射出一股清泉，熄灭了火焰。

琉霜急着要自己的作业本，喷出一股水流朝璃露洒去。火精灵不能碰到水！璃露急忙向后躲。铃风和思雨同时施法。一股飓风卷走了水流，在拔地而起的巨大植物前停了下来，水流快速地被植物吸收。铃风看着琉霜着急的样子，莞尔一笑，一指窗边，一股风稳稳地拖着琉霜的作业本，送到桌子上，风便消失了。

四个人哀怨道："怎么又打平了！"

正当局面僵持不下的时候，铃风傲气地说："我不把作业本还给琉霜的话，我便赢了！"

琉霜不服气："你要是不把作业本还给我，我还会继续施法的！到时候，谁赢还不一定呢！"

"你们就这么忽视我啊！"说话的是思雨。

"要不是我缠住了铃风，琉霜你怎么会拿到作业呢！"

"到底谁忽视谁啊！"正如火一样，火精灵璃露一声"爆裂"

站了起来，"我帮铃风烧掉了思雨的藤蔓，要不是我铃风还能这样吗？"

"我怎样了！要不是我和思雨，你早就被淋成落汤鸡了！"铃风也"噌"地站了起来。"要不是我……"又有一个人站了起来。

终于……

四个人筋疲力尽："又打平了！"

铃风："同志们，你们真虚伪！"

"那是您教导有方！"琉霜接道。两个人大眼瞪大眼。

铃风："琉霜啊，这整整十三年，七万亡魂未安，你污名未雪啊！"

琉霜："纵然我琉霜龙袍加身，荣耀万丈，你铃风到底有何意趣，有何意趣啊！"

思雨和璃露神情悠闲地抱着一袋瓜子和一桶爆米花，边吃边看。"铃风啊铃风，你现在学坏了啊，天天只知道吃，都成猪了！"

"哪里啊哪里，琉霜同志。你家的尊主我，天天一心只为保家卫国，成为社会主义的接班人，哪里有时间吃啊？倒是琉霜你啊，看看我包里干净如新，不觉得少了点什么吗？"

"什么啊？"琉霜反倒奇怪。

"钱啊！就给我十万吧。这可是我保家卫国用的。不多不多，别肉疼，看为师多会为你省钱啊！"铃风得意扬扬道。

"我谢谢你！真是我亲徒弟。立刻从我面前消失！以后啊，没什么重要事儿，就别来找我，当你为师我已经不在了。"琉霜一副谁怕谁的架势。

"行，保重，一路走好！"铃风夸张地扬扬手，坏笑道。

"行，为姐为国争光去了，小同志再见！"琉霜做出抽象的悲伤表情。

"不送！"

"终于怼完了。"思雨和璃露小声嘀咕道。

友谊篇

"我说铃风同志，你看咱们'敬爱的'思雨同学和璃露同学，那木系的法术已经被思雨练得炉火纯青了，要不你去试试！还有，璃露的火焰已经进化到'金火'阶段了，马上连我都制服不了她了。你看，你还有什么闲情逸致在这里看电影？虽说你是个大学神吧，你都把风龙给练出来了，可你也不能堕落啊！我的法力已经到瓶颈了，就快要把水龙练出来了，咱们就可相匹敌了。照我说吧，明天你立刻起来，我们去空地那儿练习——"

"琉霜，你不会又忘了吧。明天大使给我们四个人安排了一次出访，说是结束以后我们可以去魔兽森林历练的。你别看我最近吃胖了很多，可是法力也在增长的。"铃风一副无奈的神情。

"啊，对啊，怪不得思雨和璃露那么用心练功。你也是啊，这练出龙形的人就是不一样，法力增长的时候晋级慢，可增加一点法力就是平常人的几十倍，我懂了。咱们继续练吧，我给你护法。"

"好。练出龙形有一个坏处，就是练着练着容易突然走火入魔。到时候啊，你看见一条龙气从我的头顶冒出来，就一定要用自

己最强大的水元素去击中我的眉心。这一切，
一定要在龙气形成龙形之前完成。要不，照我
现在的水平还不能控制风龙，如果它逃走了，
我的功夫功力也都废了。这是一件很重要的事
情，马虎不得，注意集中注意力！"琉霜敢保
证，这是她见过铃风最严肃的一次。

铃风开始运功。她闭上眼睛，让风元素流
遍身上每一个细胞。

琉霜的眼睛忽然睁大了，她从来没有见过
如此的景象。铃风慢慢从地上飘了起来，脚下
一股旋风将她托了起来，身边也有几股风护在
风铃的身边。铃风就这么轻轻浮在空中。琉霜
仿佛也感到一股力量在自己身上流淌。她可以
突破瓶颈了！现在，她可以突破这一道障碍，
释放自己的水龙！

琉霜感觉这股力量越来越强，她抬眼一
望，一股气息从铃风的头顶喷涌而出。琉霜
忽然明白了，她所感受到的力量，是铃风的力量！如果自己吸取力
量，那么损失力量的是铃风！

"我绝不能让铃风受到伤害！"

琉霜运起身上所有的水元素，在指尖盘旋成一道冰晶。琉霜
朝铃风的眉心用力推出冰晶，而她又亲眼看见，龙气即将汇聚成龙
形！琉霜放任自己的紧张情绪自然流露，她充满着希望，闭上眼

睛，等着美梦成真。

现实与梦想往往隔了很远，差异又是那么的大。

现实往往是残酷的。

结局

琉霜、思雨和璃露轻轻擦去眼角的泪水。她们看着一动不动躺在床上的铃风，眼泪不住地往下流。

"铃风啊你是个苦命的。"琉霜叹道。

"你们这几个东西，那么盼着我死啊！本姑娘装死容易吗！就没一个人想到用美食诱惑我的吗？"一动不动的铃风突然大喊起来。

空气仿佛凝固了。

"你怎么回事嘛，害我们白哭了一场！"璃露吼道。

"行了，铃风没事就好了。"思雨说道。

"既然好了，就没事了。"琉霜笑着说道。

叶开老师评：

雪穗·茗萱的"铃风、琉霜、思雨、璃露"，四个死敌兼闺蜜兼同学这个设定，十分有创意。作为"玄幻小说"，这样设定是很有可读性的。人物略微有点多，但你限定在"铃风"和"琉霜"两个人的关系中，写她们的"对抗"和"训

练"，确实很生动了。既然是"风霜雨露"四人，我建议把
"风铃"改成"铃风"，这样是四个人的名字的顺序都合理
了，"风霜雨露"都是在后面，被前一个词修饰。总体来讲，
你的这个玄幻的设定还要"实"一点，增加一点她们的日常
生活的具体状态和细节的描写，会更加合理。比如，她们生
活在一个什么样的环境里，是我们日常生活世界的一种学
校和教室呢，还是在某个"中土大陆"里的仙境的玄幻学校
里？不是大使要派她们出访吗？会去哪里访问？有没有比
试的环节？她们练出了"龙形"，会不会升级？"风霜雨露"
是四位同学兼"友敌"。这篇作品看下来，她们是死党好友
无疑了，"敌"的意思还不够强烈。

9　樱花凉

雾霭青青（李霭青）　五年级

很久很久以前，人与妖共存在这个世界上。那时，世界被分为两半，一半是人的领地，一半是妖的领地。

在一片阴森森的森林前，有一条红线，那是人妖两界的分界线。只要有人跨过这条线，走进森林，就必死无疑。渐渐地，妖的领地越来越大，越来越多的人被妖杀害。

终于有一天，一位道士带着他的徒弟打败了妖怪，妖怪承诺不再伤害人类，道士放其归林。其后几千年，人妖和平共处，不再有杀戮的事件发生。

人渐渐地忘记了妖的存在。

"世界上真的有妖精吗？"梁星石望着树上朵朵樱花想着。此时是晚春，樱花开得勤快。一朵接着一朵绽放，形成了一片花的海洋。

"星石，你在看什么，要上课了？"同学提醒他。

"哦，来了。"梁星石回答道。

课上，先生讲到了一种草，叫灵芝，长在悬崖峭壁上。这次考试题目就是灵芝长什么样，有什么功效。

放学了，梁星石站在一片阴森森的森林前，他想穿过这片林子就该到悬崖能采到灵芝了吧。

他深吸一口气，走进森林。

森林里弥漫着朦朦胧胧的雾气，地上泥泞不堪，树枝长得乱七八糟，稍不留心就会把人的皮肤刮破。梁星石立在林子中，双脚深陷寂静。

"嗷呜。"一声狼嚎打破了森林里的寂静。

梁星石这才发现天色已晚，他觉得有些害怕。

"嗷呜，嗷呜……"狼嚎声越来越近，越来越大。

梁星石感觉狼就在身后，对着他张开血盆大口。他吓得瑟瑟发抖，紧闭双眼，都快站不住了，靠着一棵树喘息。

突然，他闻到一股扑鼻而来的清香，睁开眼睛，被眼前的一幕惊呆了。阴森潮湿的森林不见了，取而代之的是一片开满淡粉色樱花的樱花林，落樱铺满一地，樱花纷纷扬扬飘落，洒落一片樱花雨。

一切显得生机勃勃。

"嘻嘻。"梁星石听到了一阵轻柔的笑声。他抬头仰望这樱花林，眼前是一个长得极其美貌的姑娘坐在树上。

她的长发垂到腰间，头上戴着樱花发钗，眼睛半闭，皮肤雪白，高挺的鼻梁，红润的嘴唇，穿着粉红长裙，整个人显得温婉高贵。

梁星石呆呆地望着这个女人。

"少年，你来这里干吗？"女人睁开眼睛问道。那个人的眼睛竟是粉红色的！

梁星石回过神来说："我……我……我来找灵芝。"

女人飞下树，她的动作是那样轻盈，那样的优雅。女人伸出手，她手上出现了一道粉光。梁星石惊讶地望着她的手。

女人说："你找的是不是这个？"女人手上的粉光变成了一个灵芝。

"啊！"梁星石惊讶地叫出声来了。

"拿去吧。"女人说，"但是你不能再来这里了。"

"嗯……哦。"梁星石结结巴巴地说完，拿走灵芝，撒腿就跑。

梁星石回到家已经很晚了，被他爹娘批了一顿，匆匆吃了几口晚饭，睡了。

半夜，他躺在床上，虽然哈欠连连，却久久不能成眠，满脑子都是刚才给他灵芝的那个女人身影。那个女人是个什么人？她会是个妖精吗？她为什么给我灵芝？她是想要害我，还是想要帮我？问题一连串一连串地浮现在脑海。

第二天早上，梁星石顶着超深黑的眼圈去上学。

再过几天就要考试了，大家都在努力复习。梁星石回家仔仔细细地观察了女人给的灵芝。

考试当天，他很顺利地考完了试。

不久后，考试结果出来了，同学们都叽叽喳喳地讨论着。有人兴奋地跑过来对梁星石说："梁星石！你考了第一！"

"谢谢。"梁星石说。

又有人对他说："据说你还采到灵芝。"

"好厉害啊！"

"梁星石，我不懂的地方你教教我。"同学们都围着梁星石，七嘴八舌地说。

梁星石因考上了第一，爹娘买了好酒好菜大鱼大肉来庆祝。梁星石想自己的身体也没受到多大伤害，那晚的女人帮了他，自己是不是该去感谢她呢？

最后他还是下定决心，准备再次冒险去林子里。

他再次来到林子前，鼓起勇气走进森林。

森林里仍旧是阴森森的一片。

梁星石嘴上一句句念着："没事的，没有狼，一定就在这附近。"这时，梁星石眼前的雾渐渐变成粉色。雾退去了。他眼前又出现了熟悉的樱花。

那个女人又出现在了眼前。

"你来干吗？不是叫你不要再来的吗！"

"嗯……那个……谢谢你，我考试得了第

一。谢谢你那次救了我，还给了我灵芝。"梁星石终于一口气把话说完了。

"看来你是个知道感恩的人。"女人微笑着说，"不过你该离开了。"

"哦，对了，我叫梁星石。"

"我叫洛樱，是一个樱花树精。"

"啊，原来世界上真的有妖精！"梁星石惊讶地说。

渐渐地两人喜欢上了对方。

梁星石发现洛樱是一个善良的妖精，不一定所有的妖精都像人们口中说得这么坏。

洛樱也发现梁星石是一个善良的人，不一定所有的人都像妖精们口中说得这么坏。

一天，两人坐在樱花树下牵着手聊天。洛樱因为是妖，所以没有体温，但梁星石觉得她的手很温暖。

直到有一天，梁星石终于说出了自己埋藏在心里很久的话，他鼓起勇气说："洛樱，我……爱你。我想娶你。"洛樱心里也是这么想的。

他们约定好五天后举行婚礼。

婚礼当天，洛樱用法术把自己变成凡人的样子。梁星石觉得她依旧貌美如花。

婚礼上，有许多梁星石的同学和家人前来庆祝。但，只要他们一靠近洛樱，就会全身发凉。这让他们觉得奇怪。

梁星石和洛樱在拜天地时，听到门被"砰"地打开了，站在门口的一群人说："我们是降妖除魔的道士的后代，我们在这里闻到了妖气！"

梁星石一听，赶紧说："搞什么名堂啊！我才不信有什么妖魔鬼怪！我看你们是强盗，来抢劫的吧！赶紧给我滚！"

话音刚落，那些人就拿出一面镜子，照向洛樱。转眼间，镜子发出一道金色的光。洛樱尖叫了一声，摔倒在地。镜子的光没了，镜面上出现了一棵樱花树。洛樱起身想逃，谁知刚站起来就被捆妖绳困住了。一道青烟升起，洛樱和那群人都不见了。大家跑到门外，只见洛樱被捆绑在捆妖台上，她被铁链锁着，封条封着，受着雷劈、箭射……台下的人有的议论纷纷、有的冷眼旁观、有的一边拿菜皮扔洛樱，一边喊着："妖孽去死，妖孽去死。"

梁星石跑来，对那些人说："别害她，她是好妖！"

那些人说："不管是什么妖，只要接近人，都算是害人，都得杀！这是我们祖先定下的规定！"

梁星石喊："她很善良，真的很善良，千万别害她！求求你们了！"

那些人又说："啰唆！你再为他狡辩，不管你是人是妖，把你和妖一起杀了！"

就在洛樱奄奄一息之时，梁星石冲到洛樱前面，为她挡了沉重的最后一击，梁星石满身是血，倒在地上，再也没站起来……

台下的人又开始议论纷纷："这人是疯了吗？"

"他怎么会帮妖精啊！"

"我看他一定不是好人！"

这时，洛樱身旁燃烧起了熊熊的火焰，所有人都惊呆了，那火焰是仇恨与悲伤的火焰，火焰燃烧不久后，只听"轰"的一声巨响，铁链和封条都变得粉碎，洛樱和梁星石都不见了。

洛樱把梁星石的尸体带回了樱花林。此时洛樱脸上已挂满了泪水，她不停地叫着："梁星石，梁星石，梁星石……"

她痛苦地呻吟着，最后她拔下发钗，插入心脏……

两人躺在樱花林里，静静的，毫无声息。

樱花洒落了一地，几声鸟叫挂在树梢，在这个长满樱花树的地方，樱花依旧开了又败，败了又开……

叶开老师评：

雾霭青青的《樱花凉》写得太好了。梁星石和洛樱这两个人物的名字也起得超好。对于梁星石和洛樱来说，人妖相隔，仇恨绵绵，是他们的身世背景，在这里，人们莫名其妙地恨妖，妖莫名其妙地恨人。但实际上，人族与妖族很久都没有碰到过了，谁也不知道对方是谁。直到梁星石为了采灵芝，误闯樱花林，被洛樱所救。一棵树精，是美丽的妖精，因为你设定是樱花嘛，所以肯定很美。他们最后在成亲时，被道士闯入，号称捉妖，实际上，是破坏爱情，而导致两位"人/妖"为情而牺牲。他们的故事，比《白蛇传》还要悲惨。这篇作品，我觉得前面铺垫还可以做得足一点，例如师父对梁星石说，妖很可怕，不仅会欺骗你，而且会榨干你，还会下毒咒，诸如此类，写点细节。而洛樱对人类，在第一次时，不应该是那么善良，而是拒绝，是不相信人类，甚至是真的是仇恨，这样，他们才构成相爱相杀的故事结构。那么，怎么转变呢？比如这样设计一下：受恶狼攻击的不是梁星石而是洛樱，在那个危险的时刻，梁星石冒死去与狼对敌，救了洛樱，洛樱这才使出法术，击退了恶狼。她因此，对人类有了点新认识……这样递进，故事会更加吸引人。

10 我的滑板鞋

张小源（张源） 四年级

"唔……"沼泽迷迷糊糊地打开了电视，"现在插播一则美食广告！北冥有鱼，其名为鲲，鲲之大，一锅炖不下……"

"唔……"沼泽迷迷糊糊地关掉了电视。

他四处乱摸，终于找到了手机，开机之后……

手机狂震着收到了几百条消息！

"什么鬼啊？"沼泽瞬间清醒，立刻用"……"处理了这些看不完的消息，结果糟糕的是——手机又狂震着收到了几千条消息！！

"唉……"他费了好一会儿关掉手机（之前不小心摁了好几下音量键），跳下了他的氧气舱，开始埋头处理飞船的早餐。

"呼……幸好今天我在餐厅值班，要不然又要跟老是坑我的小羊一起工作了。"他自言自语道。

第一章　老式左轮手枪

"Ding——Ding——"沼泽打开了早饭铃。

瞬间，一大波人接踵而至。这噪音，可以比得上沼泽爷爷的爷爷的爷爷的爷爷……的老式左轮手枪。这左轮已经是古董了，现在飘狼星的人愿意以1200万贝壳币拍下（1贝壳币=12.6美元），但是沼泽有点不舍得，他还要再等上5年，等拍卖的价格抬得更高。

这左轮手枪，沼泽一生中开过两次，都是朝天开。第一次是在10岁的时候，沼泽看见天空中有一艘特大号的飞船，就为了不引人注意地打下来（当然这是不可能的愿望啦），想找出爸爸的C-122式无音枪，结果因为不认得找到了这把老式左轮往天空开了一枪，被枪声吓到了，拔腿就跑，惊动了爸爸，被带到"少年儿童心理素质强化中心"接受改变脑细胞组织——从而改变心理的残酷改造。过程很痛苦，所以一般家长都不会带孩子接受这种"改造"。当然，可以证明，沼泽是他爸爸的亲生儿子。第二次，因为学习太烦，想解闷，结果又找到了这把"老左轮"，"砰——"往天上开了一枪，沼泽被巨大的声音吓到了（怎么又吓到了？看来治疗没有起作用呀），往死里跑，不回头，不后悔，"唰——"地掉进了河里。

嗯，对，这就是沼泽对这把老式左轮手枪的悲惨回忆。

嗯。

没毛病。

让我们回到正题。

一、二、三、重新启动正题中……

沼泽想：难道我以前也是这么进餐厅的？真神奇！他望着推推搡搡的人群，手里拿着饭勺，作沉思状。

"嘿！你想干吗？"小羊拍了拍沼泽的肩膀，"这份工作不错嘛！下次我也来一次，多悠闲！"

唉，他又来了！沼泽闷闷不乐。

"要吃啥？"

"随便。"

"没有这道菜。"

"嗯哼！"

"吃什么？"

"稀饭、包子、压缩饼干。"

"给。"

"嗯。"

"好。"

"嗯。"

"再见。"

"……"

"下一位，想吃什么？"

"我只想告诉你，小羊告诉我，有人进了你的氧气舱，不知道干吗。"

"啊？"沼泽很慌。

"呃……大家自己都自己打一下饭啊，我有点事，马上回来！"沼泽跑了。

吃瓜群众："这个人当打饭员也太不称职了吧？要不要告诉贝壳船长？"

"好主意！"

场景转换：在沼泽的氧气舱。

沼泽疯狂地找着手机，却只找到了一个便条：

沼泽先生，你好！

　首先，我们感到抱歉，因为你的手机

　噪音，导致我们无法正常工作，所以，

　我们把你的手机没收了！下班时到餐厅取回。

　　　　　　　　　　　　　——昨（猫爪印）

"昨……"沼泽呆了，"那个暴力女……"

"反正晚上也行！"沼泽想，走回了餐厅，没想到……

"贝壳船长！"沼泽叫了出来。

"你你你！不好好工作！为什么要去氧气舱？罚你去船头开船！晚上去卫生部擦地板！马上！把周小羊调出来。"

"啊？可是晚上擦地板，白天开船会睡着的！"

"啊？哦——我可以体谅你。"贝壳船长一弹手指，"这样吧，我坐副驾驶，四小时轮换一次，这样好点。"

"唉……好的，我去叫小羊。"沼泽恨恨地走了，心想：可恶的小羊！不可以这样得到职位的！小羊，别以为你当初救了我一命，你就可以这样！

第二章 过去将来时

其实，事实不是这样的，沼泽只是单纯地觉得小羊烦，吵吵嚷嚷，老在手机上乱发东西，救过命倒是真的，挽救了他的灵魂。

是这样的：

24岁是国家法定的游学年龄，用这个年龄的优势去"看世界"，在一年之内，可以到处巡游，到了25岁，就要工作了。

沼泽不例外，小羊也不例外，他们本来就是在一起的死党，他们一样大。

可是，悲剧发生在7月，他们正坐在轮船上，透着金光的海面闪耀着。

他们说说笑笑，通过一块特制的玻璃甲板看水下。

"嗤——"船漏水了，猝不及防，他们整个儿一下就被泡在水里。（如果说是世界是十大谜的话，这肯定也是一个，有谁见过船的漏水速度这么快？破船！）

虽然这么说，他们基本没准备，但是至少他们会游泳，很快地坐在一块大木板上，望着逐渐瓦解下沉的船。

"是触礁了吧？"过了好久，小羊先开口说话。

"……"沼泽呆呆地望着这大船沉入水底，"什么都没有了……"他喃喃道。

"唔……我们去哪儿啊？"

"不知道，随便啦……能去哪儿就去哪儿。"沼泽倒是挺淡定的。

第三章　草率的沼泽

"哦……终于有陆地了！"沼泽迷迷糊糊。

他们翻滚着，爬上了陆地。

"先睡再说。"

"涨潮了这么办？"

"去他的涨潮。"

"这样不安全。"

"去他的涨潮，先睡！"

"怎么这么粗鲁！"

"要我打你吗？"

"为啥你打我?"

"没有原因。"

"……"

"唉……"

"……"

"怎么不说话了？"

"呼……呼……"

"唉。"

小羊奋力地把沼泽拖上了高处，心想：这么重，下次我再也不要帮他了，毛手毛脚的家伙，做事怎么那么草率！

第二天……

"看看我多明智！"沼泽叫道，"涨潮了！昨晚你还不上来。"

"呃……"

"咋啦？"

"是我拖你上来的，你看看！"

沼泽的身下有一条长长的拖痕。

这就尴尬了，沼泽想，算了吧，既然说出去了，也就不能收回了，"那……那是我自己爬上来的。"

"你厉害了，"小羊向他伸起了小指、食指、拇指（小指：挖鼻屎；食指：你；拇指：厉害。大家自己体会）。

沼泽心想：呵呵，你真单纯！

第四章　沼泽小羊版荒野求生

"唔……我去找淡水，你去找食物。"小羊说。

"哦。"沼泽傻傻不知道找食物远比找淡水难得多（其实根本不用找淡水的）。

出发，走你！

沼泽穿梭在岛上的丛林中：这哪儿是个岛啊，丛林一样，会不会有一大堆虫子掉在我头上？但愿不会……

另一边……小羊把海水装在一片大树叶里，把自己的防晒服盖在上面，中间和旁边压几块石头，然后就没事了，嘴里叼了根草晒晒日光浴，挖挖贝壳，抓条小鱼（其实鱼是自己游过来的）。

沼泽在丛林中找到了一个很有治愈东西———一个，呸呸，一打小螃蟹，兴冲冲带回去。

此时，小羊正睡得迷迷糊糊。

沼泽叫道："小羊，上面有飞船。"

小羊立马跳了起来，使劲看着，看着："在哪儿？在哪儿？"

"哈哈哈，没有啦。"

"不可以欺骗我的感情！"小羊喊着。

"哈哈哈……"

"看我不杀了你！"小羊吼道。

沼泽溜了，小羊（小狼？）在后面追着。

"吃的都掉啦！"沼泽对穷追不舍的小羊喊，"你不累吗？"

"啊？"

"呃……"

小羊停止了追赶。

"什么吃的？"

"几只螃蟹。"

"噗——让我看看。"

沼泽解开一只树叶包，里面空空如也。

"哈哈，笨死了！"小羊笑翻了。

沼泽意识到什么，往下一指："在这儿。"

小羊尴尬了，俯下身子去看："你牛，十二只咧！"

"哇，好可爱！"小羊瞬间童心泛滥，一发不可收拾。

"你等等哈。"小羊跑了，小螃蟹和沼泽你看看我，我看看你，一下子，小螃蟹挖了坑，逃跑了，沼泽还没有反应过来。

一会儿，小羊回来了，小羊拿了根草，问："螃蟹呢？"

"跑了。"

"啊？……我还准备把他们当宠物养呢！"小羊一脸天真。

"呃……"

"再去抓一只好不好，求求你了。"小羊使出了天真无害的小眼神。

"不可能。"

"好不好嘛？"

"呃……呃……"沼泽想小羊怎么突然变了，好……好娘啊……我受不了了……

"好吧！"

"耶！！！"

"我们吃啥？"

"鱼！水！"

"你会钻木取火么？"

"不会。"

"好吧。"

沼泽说："我这儿有个打火机。"

"啊？你不是说什么也没有嘛？"

"我刚刚找到的。"

"……"

（旁白：事情差不多就是这样了，因为帝国处于发达时期，每个人身上都有注册追踪器，结果很戏剧，在他们睡觉的时候——这回沼泽自觉到了高处——你们懂的，他们一觉醒来，就在家里了。为此，小羊和沼泽把自己的手插肿后去了趟酒吧，庆祝了一晚，花了二十贝壳币。）

第五章 现在进行时

沼泽现在三十岁了。

他在船舱里对小羊说："周小羊煮饭去！早知道你忽悠我就算了。"

"咻……"

小羊径直走了，难道他达到了目的不开心？奇怪了！沼泽坐了下来，扳动了几个开关，调整为智能模式，然后就懒洋洋地守着。

"右侧翼被陨石摧毁！"红灯亮起来了，沼泽慌了，连忙揉了揉眼睛，开启了保护罩和手动驾驶模式，拉下了油门杆，飞船驶离了危险地带。

"偏离航线，你在干什么？"贝壳船长怒吼道。

"嗯……只能说幸好主翼没毁，要不然我们就只能等死了。"

"你干了什么？"贝壳船长毫不理会沼泽的话。

"我拉了自动操控。"

"不可以的，小羊没有告诉你吗？"

"没……"

"算了，你还是不要开船了。"贝壳船长挥了挥手，"擦地板去，擦地板去，以后不能再申报餐厅服务，也不能开飞船，副驾驶也不可以。"

沼泽跑了。

"干什么都一样。"沼泽愤愤地想。

但是能一样吗？

沼泽拉过两条毛巾，绑在脚下，两条毛巾缠在手上，手脚一起开工。

擦地的，我情不自禁，
在这光滑的地上摩擦摩擦
在这光洞的地上摩擦
一步两步摩擦
一步一步似魔鬼的步伐
在这光滑的地上我摩擦
噢……

当然，当然不一样！

让我们一手雪花

一瓶啤酒

一起去勇擦地板！

嗨起来！

噢噢……

（沼泽苦中作乐，作词作曲）

"喂，沼泽，有什么好玩的事也不叫我？"小羊突然微笑着出现在他面前。

"你怎么来了？"

"因为我不会做饭。"

"好吧。"

"嗨起来！"

"录音！"

"开始！"

小羊：有些事都已忘记。

沼泽：但我还记得在一个晚上。

齐：我的母亲问我今天怎么不开心？

沼泽（疯狂地摩擦地板）：我的母亲问我怎么不开心？

小羊：我说在我的想象中有一块毛巾。

沼泽：有一块毛巾！

齐：一步两步……摩擦！

一步一步似魔鬼的步伐！

叶开老师评：

张小源玩起了"无厘头"，也像沼泽一样疯狂有趣，而且，还把沼泽、小羊和贝壳以及狼昨，狠狠狠地"玩"了一把。可怜的沼泽在你的小说里，到底是一个什么样的角色呢？是一个唠唠叨叨，十分话痨而又运气超级糟糕的家伙。先是打饭没好好打，手机被狼昨没收，干活被贝壳船长调去取代小羊开飞船（话说这是什么时代？怎么一个卖饭的竟然可以去开飞船？），而小羊被调去食堂卖饭——这简直是对未来的一种超级颠覆啊。在你的小说里，那个小羊和沼泽这对死党，简直就没有干过什么"妥当"的事情，就是RAP，哼哼，一起淘气。难道他们不应该正儿八经地做点事，干一件惊天动地的大事情吗？仅仅是这么淘气巴拉地唠唠叨叨，似乎还不够呢。你可以把他们放在一个进攻型宇宙战舰上，然后两人还没开展就被地方用移形换影的方式俘虏了，成了可怜的俘虏；一个负责做饭，一个负责擦地板，这样，故事节奏上，就会强烈起来。再想象一下，他们就这样，以无厘头的高效方式，把这个敌舰、甚至是旗舰给干掉了，而且还乘坐了救生飞船溜了出来，在宇宙太空中漂浮，仿佛是某次两个家伙太调皮在海滩失事了一样——然后，然后，贝壳船长成功地把他们打捞回来了。你说，这样"惊喜不惊喜？意外不意外？"

双 龙

时践（时浩扬）　六年级

　　我的家族世代流传着一个关于神龙兄弟的传说：玄黄神龙和洪荒神龙。他们共同在天界维持着凡间的平衡与和谐。

　　但这对神龙兄弟为了统治权反目成仇，他们的争斗导致了昏天暗地的灾难。直到洪荒神龙最终被他的兄长击败，落入凡间，撼天震地。

　　尽管玄黄神龙赢了，但是孤独渐渐占据了他的内心，胜利的喜悦也随着岁月消失殆尽。

　　时光流逝，神龙的孤独与悲伤让凡间陷入了混乱，神龙的眼中也失去了光芒。有一天，一个身穿青衣的陌生人问龙王："哦，伟大的龙王，您为何如此心烦意乱？"

　　神龙答道："为了权力，我杀了自己的弟弟。但没了他，我也失去了自我。"

陌生人告诉他："谁也帮不了您。'解铃还须系铃人'。变成凡人，像我一样行走在凡间，你就能重回平静。"

龙王化为人形，来到凡间。他化名为半藏，为了时刻警醒自己，反思罪孽。他腰扎蓝色束带，袒露左胸，左臂上刺着青龙探爪的图案，斜挎着箭袋，手里举着赋予了真龙圣魂的盈昃神弓。每年的那一天，他都会来到龙王殿祭奠自己的弟弟。

今晚，又到了祭奠的日子。明月朗照，花瓣飘飘，他一个人来到了龙王殿，跪在大殿中的祭灵前。殿中央放着一个架子，上面横着一把出鞘的武士刀和它的刀鞘。墙上贴着一幅字，上面写着"竜頭虵尾"，屋顶上刻画着两条神龙，它们中间有一道燃烧的火焰，把它们隔在两边。

半藏把画着双龙的瓷碗、香炉和一根羽毛一一摆放在地上。他点燃三支香，插到香炉里，说："你不是第一个被派来杀我的人，当然也不会是最后一个。"

龙王殿门口的顶上，一个身影发出绿光。那个人身穿灰色铠甲，带着V形面具，身后背着武士刀。他纵身一跳，轻轻地落到半藏身后的不远处。

"你敢冒死来到龙王殿，"那个人说，"你宿敌的领地。"

半藏头也没回："这里曾是我的家，难道没人告诉你吗？"

说着，他顺手拾起地上的盈昃神弓，从背后的箭袋里抽出一支箭，搭在弦上，拉满弓弦，转身瞄准了那个人。半藏一松手，那支箭就飞了出去。这所有的动作速度之快，加在一起也多不过两秒。

寒光一闪，恰似劲风扑面。

　　那人身体一侧，躲过了这支箭："我知道你是谁，半藏。"

　　半藏又抽出一支箭，搭在弦上，瞄准右面的墙壁。"铮"的一声，那支箭射在墙上，又反弹回来，朝那人飞去。这一招出其不意，那人刚一转头，箭已经到了身前。

　　那人身体向前一弓，用手顺劲把箭一带，第二支箭斜插在地板上，"我也知道你每年的今天都回到这里。"

　　半藏再次弯弓搭箭。这次，三支箭一起飞了出去，打在墙上，又反弹回来。它们好像寻迹导弹，画弧线朝那个人飞去。那人跳到一面屏风后躲过第一支箭，又低下身让过后两支。

　　"你是为了祭奠一个死在你手里的人。"那人手一握，手指间夹着三个手里剑。他从屏风后转过身，一撒手，三个手里剑飞向半藏。半藏一举弓，把手里剑打飞了，三个手里剑全部钉在了墙上。

　　"你根本什么都不了解！"半藏怒吼一声，搭上箭，向那个人冲去。又是"嗖"的一声，那个人没躲没闪，在箭离自己胸口半尺远的地方抓住了它，顺势飞出了龙王殿。

　　半藏紧跟着跑出来。他抽出一支特殊的箭，箭尖分成四瓣，闪着蓝色的光。只听弓弦一响，一道道密密麻麻的蓝线像激光一样打在墙上，朝那人飞去。那人抽出背后的武士刀，刀刃上闪着绿光。就看绿光闪动，听到刀箭相撞的"叮当"声，那些箭全都插进墙里。那人跃到殿前的阁楼上，把刀轻轻放入鞘内。两道绿光，他又不见了。

　　半藏跟着追了上去，来到宽敞的室外阁楼。

"你告诉自己，是因为你弟弟的背叛才不得不伤害他。"那个人的声音在阁楼上回荡。半藏一转身，朝声音的来处射出一箭。那支箭又插进了木墙里。半藏一回头，那人就站在自己射箭的反方向，"你要让家族延续下去，让你的使命延续下去。"

"那曾是我的使命，我的枷锁。"半藏射出一箭，那个人一挥刀，把箭打飞。箭在空中翻了几个身，插在地上，"但是，我一直都以我弟弟为荣。"

他用尽全部力气，射出了箭囊中的最后一支箭。

那个人一抬头，把刀换到左手，一侧身。那支箭被刀从中间劈开，削成两半，插在墙上。

半藏一咬牙，朝那人冲去，那人也朝他跑来，两个人举起了武器。"当"的一声，半藏用神弓挡开那人的刀刃，又向他劈去。那人越过半藏，又低下头去。他用刀面挡住半藏的侧劈，向前一推。又过了几招，那人跳起来，抬起右腿踢向半藏的胸口。半藏没躲过，撞到了阁楼的栏杆上。那个人再次跃起，举起刀，直刺半藏的胸口。就听"当"的一下，紧接着"哗啦"一声。

半藏用搭箭的地方（也就是弓中间的凹槽处）架住了那人的刀，但是栏杆却塌了下去。任何一个时刻，半藏都有可能被刀刺死

或者是落下去摔死。

"上香祭拜，就代表你以源氏为荣？荣誉可是要付出行动的。"

半藏用余光朝那人身后一扫，看到有一支箭插在地上："你不配教训我什么是荣誉，你不配说出我弟弟的名字！"

他一用劲，摆脱了那人的威胁。他用弓弦套住那人的脖子，把他摔了出去。然后冲向那人身后，把地上的箭拔了出来，搭在弦上。

"龙啊，吞噬我的敌人！"刚说完，他左臂上的刺青就发出蓝色的光，和箭一起飞了出去。再一看，那已经不是一支箭了，而是两条神龙。它们缠绕着，闪耀着，低吟着，朝那人飞去。

那个人抽出刀，喊道："尝尝我的龙神之刃！"他用刀在两侧挥舞了一圈，一条绿色的神龙从刀尖飞出，在体侧飞腾，然后和两条蓝色的龙卷在一起，朝半藏飞去。

半藏眼睛瞪得大大的，但是还来不及惊讶，神龙已经到了他的跟前。半藏把重心移到前脚，举起神弓，摆出防御的架势。神龙径直飞了过去。

龙消失了，只剩下几缕蓝烟。半藏往后退了几步，膝盖一软，跪在了地上。那个人把刀收回刀鞘。

半藏喘着气，说："只有神龙家族的血脉才能驾驭神龙。你，究竟是谁？"

那人朝半藏冲来，一道绿光，刀刃已经横在了半藏的脖子上。那人向前弓着步，半藏向后仰去。

"快动手吧，杀了我。"

那人把头微微一歪，又把刀往前移了一厘米。

"不，"那个人收回刀，"我不会那么轻易让你死的。你的使命还没有完成，哥哥。"

半藏猛地一抬头："不，"他说，"不可能，我的弟弟已经死了。"

那个人把手伸到头后面，打开面罩的锁扣，渐渐地拿下面具。

四目相对。

"源氏……"

神龙屈尊来到了凡间。他第一次如此清晰地看到了周围的世界。陌生人此时告诉神龙，自己就是他落入凡间的弟弟。而现在，他们应该联手重建这个世界。

"你怎么变成了这个样子？"

源氏戴上面罩："我已经接受了现在的自己，也已经原谅了你。"他把手放在半藏的肩上，"现在，只有你才能原谅你自己。风云再度突变。半藏，是时候做出选择了。"

他走到栏杆前，向空中一跃，飞过皎洁的明月，落在不远处的屋顶上。

半藏沉默了一秒，然后冲向插在墙上的箭，搭在弓弦上，瞄准源氏。

"现实不可能和父亲说的一样，只有傻瓜才会去相信。"

源氏回过头："也许只有傻瓜相信你有希望，但是我相信。"

他转过身，面对半藏，把左手的食指和中指竖在胸前："好好想想吧，哥哥。"

一团黑烟，源氏不见了。只留下一片羽毛，轻飘飘地，从天而降。

半藏收起弓箭，犹豫着。

他再次回到龙王殿，跪在祭灵前，点燃了最后一炷香。

屋顶的画上，火焰消失了。两条神龙回到了天界，盘成太极的图案，共同守卫着家园。

叶开老师评：

时践的《双龙》以玄黄神龙和洪荒神龙这对兄弟的"相爱相杀"的结构来写他们之间的天上和凡间的情仇，非常宏大，有趣，而且，玄黄神龙击败洪荒神龙之后，为了内心的孤独，而听从陌生人的劝告，化身为"半藏"下到凡间来行走，而在龙王殿里发生了再次兄弟决斗。其中的决斗场面写得很精彩，令我想起《守望先锋》里的人物。这里的陌生人是源氏，他自己来告诉半藏要下凡，似乎有点奇怪，原因到底是什么呢？一起挽救这个世界？那么，他们还有更大的敌人，要写一下才行，到底谁是他们共同的敌人？他们应该怎么才能应付这个强敌？是内斗？还是联合？还有，弟弟源氏说："完成父亲的使命。"这个使命到底是什么？他们神龙的天敌或者敌人，又是谁？恐怕要写一下才行。

12 继 日

飘茶（张嘉懿）　六年级

　　初夏的阳光透过依旧带着清爽的空气暖暖地洒在铺着清一色深灰地砖的街道上。街边的杂货店已经开始售卖冷饮，虽然没有人光顾却还是在为即将到来的盛夏灼热的天气作准备。

　　我推着掉了漆的单车，随着吱呀作响的链条声，不是很轻快地走着。

　　低头看着脚上那双被洗得发白的帆布鞋，质量不是很好的鞋带早已散开了一团，被我揉成一股凑合用了，可现在还是在所难免地又开了；鞋尖处的白色皮料被我用力地擦过一遍又一遍，即使知道已经看不见上面曾经的污渍，还是忍不住一次次低下头去检查。

　　我发着愣，推着车在街上游荡着。

　　飘过来遮住阳光的乌云消失了，阳光以一个可以清晰观察到的速度亮了起来。眼前被晃得有些花，我伸手臂挡在头顶，总算是好受点了。

　　一想到下午还要回校，我的心就有些沉重，脚步也变得沉甸甸的。并不是不愿意，事实上我很期望再见到学校亲切的大门，只是……我很小声地叹了口气，害怕别人注意到，低下头打量了一下自己的穿着：简单的白色T恤，长到膝盖、洗得过分发白的牛仔裤和一双款式不能再普通的帆布鞋。再加上不算白净的脸上戴着的黑色边圆框眼镜和扎得很用力、导致现在脑后还有些疼的双马尾辫。简直就是放在人群中，想找也找不到的那种普通女孩。

　　我情绪低落地埋下头，抿了抿嘴唇。果然，不管昨天、今天、明天……再如何改变，我还是那个平凡到不能再平凡的我。

　　抬头看了看不远处杂货店门外挂着的一小块滚屏上的时间，下午一点多，算算等我推车走到学校也就差不多上课了，刚好可以踩着点进班级，于是停止了没有目的的闲逛，在两条街相交的路口，转向了学校的方向。

　　把车在惯常使用的那个停车位停下上好锁后，我取下斜挎着的黑色单肩包，带子放得长长的，拎在手里。也许，这是又一种使自己看起来和别人不一样的方法？我边胡思乱想，边沿着熟悉的路线走上了教学楼。

　　"哇！下午好啊！"一个欢快的声音毫无预兆地响起，我的手一哆嗦，拎着的包差点掉在地上，手忙脚乱地够到了，出了一身冷汗。

隔壁班的绫濑崎最大的爱好就是广泛交朋友，这点我曾在班上一些女同学私下议论的时候听到过。当时还不怎么觉得烦人，但当崎缠上我时就深深地体会到了什么才是烦人的最高境界。

上学、放学准时蹲点守人，守到跳起来问候，守不到就继续蹲，到最后简直掌握了我的作息时间，不知道的还以为是来要债的，甚至还因为这事让我在年级里面，准确来说是在崎的交际圈里火了一把，因为没有人觉得我会值得崎的付出。

但……我一点都不想引人注意。

只要作为普普通通的自己，过着属于我无趣的小生活就好了——在固定的小圈子里没有什么存在感地游荡，每天打扮得没有一丝亮点，同时在心中怀抱着不可能实现的、"被瞩目"的奢望——这就是我的存在。

而崎的出现，打乱了我原本平静的生活。我……不想引人注意。

我心里沮丧于自己的慌乱，却在表面上故作镇定地结巴："绫濑同学也下午好啊。"

崎毫不在意地挥了挥手："问候什么的客套话就不要再说了——对了，你是在校外用的午饭吗？"

"啊，是的。"作为交际困难的我从来没有如此与不是很熟的人交谈的经历，现在完全一片混乱，只能胡乱地回答着崎的问话。

"话说回来——虽然我也没有权利问你这个问题就是了——为什么不在食堂吃呢？因为明明这样更省时间啊……"

我的脚步顿了顿，崎立刻发现了，凑过来关心地问："怎么了？"

我缓慢地摇了摇头，没回答。气氛突然被我弄得很尴尬，怎么会这样呢……我抿了抿嘴唇，鼓起勇气刚打算对崎说些什么，就被她先打断了："啊，我的班级到了，要先走了。那就这样吧，放学见！"

没出口的话被堵在喉咙里，我哽了一下，最终还是只远远地朝她挥了挥手。

手腕上电子表的时间应该是慢了，我到教室的时候大家都已经坐好了。所幸我有提前到学校的习惯，没有迟到。我快步走到自己的座位上，还好在并着的两张桌子中是靠外的那张，不用打扰同桌给我让位。

"今天和平常不太一样吧？"同桌千叶凉微笑地看着我，见我因为她的话愣了一下，连忙补充上，"我是说，时间。"

"啊……是的。"我一阵紧张，不敢抬头看她，"手表的时间慢了……没有迟到真是万幸了。"

凉突然俯身过来，语气有点认真："那我帮你调吧？"

什么？我的脑子乱得开了花。凉的朋友虽然不算是特别多，但也是比较受欢迎的那种。这样的人，会愿意在我这种毫不起眼的人身上浪费时间吗？不过现在的情况却没有给我反应的机会，我胡乱点了点头，松掉表扣递了过去。

凉回头看了一眼教室墙上挂着的钟表，仔仔细细对好了分，想了想又往前多调了一分钟，把秒也归零，等到墙上的表跳到下一分钟的时候赶紧按了下去。看着表重新闪了起来，她之前一直绷着的脸突然放松了，眉也舒展了起来。"给，调好了，现在应该是准的了。"凉笑着把表还了回来。我赶紧对着她道谢，但凉似乎觉得没什么，不在意地摆了摆手，示意我别客气，同学间做这些都是应该的。

同学……果然，做不成朋友呢。

好像看出了我的低气压，凉顿了一会儿，突然没有预兆地开了口："周末——大概是周日下午吧，可以和我一起去逛书店吗？就是学校对面那家，我想看一看八月的新书。"

我还没有从丧气中回过神来，突然而来的邀请让我有些手足无措："呃……嗯？好啊……"

直到放了学，从教室里走出来，我还没有回过神，拼命按捺着自己激动的心情。

不过，刚刚在走廊上走了两步，一个熟悉的活泼声音突然跳了出来："啊，又遇上了！你确定不是在等我吗？每次都这么巧！"

我听出了崎的声音，但只想找个地缝钻进去。由于这时候大多

数班级都已经放了学，走廊里有很多人，当然也包括了她平常走到哪里都夹带着的亲友团。

　　我感觉能被目光烧出几个洞来，但又怕表现出来让崎难堪，于是勉强端着表情，语气生硬："没有等你……不过，一起走吧。"

　　一直被目光包裹着的感觉使我十分不习惯，在离开了走廊后，我恨不得赶紧松一口气，但又由于崎在场不敢太放肆。

　　"说起来，你平常都不和朋友一起出门吗？"崎开了口。

　　我心情有些被戳到痛处的不爽，掩饰性地随便答道："有时候吧。"

　　上一个"有时候"——大概是在上小学的时候吧。

　　"这样啊——那——"崎顿了顿，丝毫没有任何不自然，"周日下午，可以陪我一起去书店旁边的商场逛街吗？"

　　周日下午……我想了想。只要不是工作日必须要出门，我都待在家里，时间是绝对没有问题的……但是，崎的询问和提出的要求，都让我不得不一遍又一遍地考虑。

　　"好吧，"我松口了，"那就……周日下午，校门口准时见。"

　　周日下午，我顺着小路慢慢地走着。因为这次出门比较早，所以再路上可以浪费一点时间。想起发起的邀约，我就不由得有些担心。按照她的性格，应该是不会来的，毕竟每次都把自己和同学间的关系变得很差。再加上本身就不擅于和别人交流……

　　"千叶同学……"

　　"绫濑！"

　　两个同样的声音重合着响起，我无声地叹了口气，努力分辨出重叠的音色中不同的称呼。有时候，双开的坏处就是什么都听不清，画面的重叠倒没什么，但涉及接下来发展重要的信息还是要在对话中获取。我把视角切换到一边，对眼前扎着紧紧双马尾的女孩摊着手笑了笑："你真的来了啊。"

"啊，你来了。"

木下遥……和南泽昂，抬头用同样的视线——自卑中带着不同程度的怯意——望着我，然后缓缓地开了口：

"绫濑！"

"千叶同学！"

"……我们走吧。"

相同的声音自两方汇聚过来，最终流成一股。

——你相信，你所在的一切，都不是真实存在的吗？

但是，不管你相信与否，日子都在继续。

叶开老师评：

好吧，治愈系（我假装看懂）其实不怎么懂，虽然也是很好的，为何不能温温暖暖呢。我觉得，能写出某种内心深处的纠结，就是好。只是，我稍微有点不习惯这个日式的名称（不是反日，而是不怎么记得住），那个绫濑和千叶，以及"我"，这之间的关系，到底将会导向哪里？是什么样的关系？我觉得你还可以写得明朗一点。好吧，你说是游戏当世界观的文，我确实没看懂，连假装都不行。在这篇文章里，既然四个人都是一个人（一个人开了四个ID？），那么他们之间的关系，到底应该怎么处理？是一个"自闭者"或者"社交障碍症"的独特的自我分裂世界吗？这个，要写得明朗化一点，我才能看得懂啊。不过，这篇作品的语言表达，真的是非常的细腻，精美，读起来很舒服。然而，呜呜，为师老矣，不能"饭否"了。

13 超越星际

新桐（徐洁琦）　五年级

　　"当天空出现四号飞星时，火星文明将会毁灭！"——这个预言刚刚出现，便引起了火星的巨大恐慌，虽然现在火星文明已占领地球半个世纪，也无法全部移民。因为地球的防御系统还未完全瓦解，但是，两个种族之间的仇视，却不能影响两个纯正孩子之间的交往——因为那是两个不完整的灵魂……

——引子

第一章　狄亚娜

火星占领地球后，所有的地球人为了加固防御系统，便将刚生下的婴儿送去做灵魂检查，如果孩子有一个完整的灵魂，便从小受"仇视教育"，那将来在防御工作中起到大作用，如果不完整，便将他严严地管束起来，以免他和另外一个火星孩子交上朋友。

狄亚娜是唯一一个灵魂不完整的地球人，因为自小便接受不了"仇视教育"，所以她在1岁时就被贴上"异类"的标签。在家里爸爸妈妈都不理她，便把她丢给爷爷奶奶照顾，又生了一个灵魂完整且对火星人非常仇视的9岁的弟弟狄克。狄克五岁时，便充分地体现了对火星的仇视，光是这些，亲戚们都夸他有出息，说他以后能成为一名英雄。狄克听多了夸奖的话，便自认为比姐姐优秀得多，经常欺负狄亚娜。大人们最多也只说说，不敢打狄克——生怕把家里的未来"英雄"给打坏了，

就这样狄亚娜一直长到10岁，才被允许偶尔出去走走，直到她遇到自己灵魂的另一半。

第二章　相遇

一天下午，狄亚娜正无聊地在公园长椅上坐着，这时，一个女孩跑了过来，狄亚娜首先向女孩问好，女孩也随即和狄亚娜聊了起来。在聊天中得知女孩叫娜·菲斯·爱木森，是一个火星小女孩。菲斯的灵魂也只有一半，她们都觉得两个种族应该互帮互助变得友好。但还没过半个小时狄亚娜的叔叔叫她回家，狄亚娜和菲斯约好

第二天老时间同一地点见面。

结果，一回去，只见弟弟一脸幸灾乐祸的表情："狄亚娜（狄克从不叫狄亚娜为姐姐）你完了！爸妈在里面等着你呢！你准备挨一顿揍吧！哈哈！"

狄亚娜一进去，已经气得满脸通红的父母便过来一边打一边说："任性！你这个该死的异类我们为你丢了多少脸了，现在又和那该死火星小孩交朋友！你没救了！关禁闭！"

这次比上次好一点，狄亚娜被获准吃晚饭（上次关禁闭没有吃的），虽然只有一小碗饭和中午吃剩下的番茄炒蛋，这对狄亚娜来说已经很满足了。

第三章　四号飞星-友谊

第二天，狄亚娜如约来到了公园，菲斯已经在那儿了，她脸上的表情特别阴郁，还有几个红红的掌印。菲斯告诉狄亚娜，她昨天回家挨打了，她的父母让她骗取狄亚娜的信任，从而一举功破地球防御，防止火星为第四号飞星而毁灭。菲斯拒绝了父母的要求，这更加重了本来就灵魂不全而受到别人的歧视，家里人对她不抱一线希望。

狄亚娜向菲斯提出：两个文明可以共同生存、共同进步。

但菲斯却说：我想你们这方的元首应该不会同意两个文明共同生存吧！

狄亚娜毫不客气地说："你们可以先求和呀！我们这边为什么没进攻，就是一直再等你们发出求和的信息！因为我们不想打仗，这样双方都得不到利益，两个文明在一起有什么不好？我们老早就已经放松了防御，你们自己在心里筑起了一道拦住友谊的高墙，也不能怪我们呀。"

几天后，火星的元首果然向地球发出了求和的信息，地球也欣然同意了火星的要求：

1.两个文明共同生存；

2.科技互相利用；

3.互帮互助。

那位预言第四颗飞星出现的预言家也曝出真相：第四颗飞星就是友谊！

友谊是世界上最美好的，也是最重要的。

叶开老师评：

新桐的这篇"相爱相杀"的结构，仍然运用我们熟悉的"火星"这个与地球"同病相怜"的行星为背景，设定一个地球的"灵魂不完整者"狄亚娜和火星的女孩菲斯的友谊

关系。你在文中的这个前提写得超棒——"……便将刚生
下的婴儿送到做灵魂检查，如果孩子有一个完成的灵魂，
便从小受'仇视教育'，那将来在防御工作中起到大作用，
如果不完整，便将他严严地管束起来，以免他和另外一个
火星孩子交上朋友。"这个设定太棒了，"仇视教育"是人
类的一种特殊的恶，但是已经成为人类的习惯。你在这里
打破了人类的传统的隔膜、恐惧和恶，而写两个孩子"不完
整的灵魂"而发生的真挚友谊，并且顺利地挽救了火星和
地球两个行星的文明和生命。这样立意高远，非常棒！

14 服 从

徐鸣泽　四年级

第一章　遗踪何在

青叶摆动，微风吹拂。满地黄叶，却给吹得"乱叶穿空"。旁边一条小河，在翻滚跳跃，都要跳过岸边，却都给无形的力量拉回。

"姐姐！等等我！"

"那你跑快一点啊！谁最后到河边谁就是臭鸡蛋！哈哈哈！"

"哎哟！"

"怎么了？没摔着吧？"

"哈哈哈，上当了吧！"乘这个工夫，他发足跑向河边。

"哎！耍赖！等等我！"

"雪儿，还是不要下水了吧，我看，今天水流得较急，不适合。"

"不要嘛！要下！要下！"

"危险，回家吧！来，走！"

"不！就要！"竟然扑通一声跳下了水！

"不！"

但见他在水里游得甚是畅快，水流似乎也奔流得慢了许多，舒了口气，笑着道："雪儿好厉害！我也来啦！等着！"

可我的脚刚触到清冷的水面时，突然，波涛极速奔流！白色的泡沫袭击而来，我吓得赶紧把脚抽了回去，大叫："雪儿！快回来！危险！快回来！快！回！来！"可是已经来不及了，波涛怒吼着，翻滚着，向雪儿袭来！我试图伸出手抓住他！可是，波涛已经把他吞没……

"不！回来！不！不！！"眼泪划过面颊，滴向水面，咚……咚……咚……

我望着水面，茫然地望视着这一切，甚至不敢相信这真正地发生了，我努力地寻着，相信雪儿会突然冒出，给我一个惊喜，但是，什么都没发生。波涛又慢了下来，一点一滴地流去……

我心想：这是，弟弟可能到蕊珠宫里去了吧，我一定要和他见面！

我跳下了水！

波涛立即翻滚了起来！

"啊！！"我尖叫道，闭上了眼睛。

发丝飘荡，一直在下沉，下沉……

或许有人会发现我，在一百年后，到那时候，我也只剩灵魂了……我猜……

第二章　寻踪美食岛

哗！丝！

"哎哟！"我猛地睁开眼，发现到处都是雾气，我不是死了吗？我茫然想。雾气渐渐消失了，可我没心思，去享受，大叫道："雪儿！你在吗？！雪儿！雪儿！你在吗？！"

没有答应。我又叫一遍："雪儿！雪儿！你在吗？！"

唯一的声音只有荡漾的回音和微风吹拂翠叶相互摩擦发出的擦擦咔咔的声音。

我失望了，雪儿不在这里，他离开了……（注：这里的离开不代表死）

我坐到地上，哭了，眼泪滴落到草地上，草竟然融化了！我一惊，站了起来，撕下一根草，放到鼻边闻了一闻，一股甜香飘之而来，奇怪，一点都没有草酸的味道！我轻轻咬一口，啊！这竟然是薄荷巧克力做的！我来到了一个我梦想中的"美食岛"？！

我抓了一把，放到嘴里，一嚼，满口清香，我随便走走吃吃，
不时撕下一片树皮，塞到嘴里，那味道真像羊肉（连质感也像）。
还有一棵奇形怪状的树，样子很像一个冰激凌，它的果实是扁扁平
平，一片一片的像烤面包，味道也像。所以我经常摘下两片"烤面
包"，再撕下一片"羊肉"夹在一起做成一个三明治，不仅好吃，
而且饱肚子。

还有一种树，样子很"妩媚"，连我都一时忘了自己要干吗
了，在那呆呆望着它。

它的果实是六边形的，有红色，绿色和黄色，但凡是看到紫色
的，不能吃，那是坏的（熟过头了）。这种果实很奇怪，但是味道
却很平常，像是苹果。

在旁边，还有四条小河，一条牛奶河，一条巧克力河，一条
可乐雪碧混合河，还有一条是泉水河，那里的水清凉，甘甜，偶尔
隐隐有一股奶油味。大多数都因为在泉水上面，有一棵冰激凌树，
专结芒果、巧克力、香草冰激凌，长时间没有人吃，奶油滴到了水
里（附近还有一颗棒棒糖树）。现在，我都已经吃得胖到不能再胖
了。

只有一处我不敢去，但那里偏偏是一个很美妙的地方，有一棵
树大概两尺高（一圈栏杆围着它，后面还有一座城堡），上面结的
全是"早餐"（或者中餐晚餐）。早餐的外壳是铁皮做的，似一个
铁皮篮。一般早餐是汉堡包（或比萨或奶酪三明治，配炸鱼条）+青
苹果（或红苹果或黄苹果）+牛奶（或奶茶或橙汁或苹果汁或雪碧或
可乐或泉水）+甜点：纸杯蛋糕（或冰激凌或冰棒或玛卡侬）但是在

那正中间，竖着一块牌子：

　　　不要过来
　　　以免自投陷阱
　　　永远离开这里
　　　但
　　　只要你
　　　跨进一步
　　　就等于
　　　跨进了
　　　鬼门关
　　　（不过三分钟，你就死翘翘。）

确实，在这旁边有好几个骷髅头。我想：我进去了摘了就出来，还不到三十秒呢！试一试有啥关系？我飞速跑过去，向上一跃，抓住了一个！我想把它拿下来，可是手好像在上面生了根似的，拿不下来了！

有一个声音冷冷地的道："谁在偷采我那珍贵的早餐树？"

一个老太婆走了出来，她的鼻子上有一个疙瘩，看起来甚是丑陋。

"哈哈哈！又有一个小人儿自投罗网！太好了！走！"

她一把抓住我的手腕，我大喊大叫，可是没有人来救我……

她把我扔进监狱，派了一个狱卒来守，那狱卒狠狠地瞪着我，但是他看起来年纪都比我还小，我都可以做他姐姐了！哪有小小年纪就这么狠的呢？

"你！给我看好了这小妞儿！肥得很呢！要是有一点过失，我叫你身子和脑袋分家！"

狱卒的身子微微颤抖了一下道："是！"

等那巫婆走了以后，我问他："你几岁了？"

但他只道："你别跟我说话！"

我假装自言自语道："哎，真不知道造这个城堡干什么。"

"抓小孩吃！笨蛋！"

"哦！"我假装惊讶，"那你看起来比较年轻，是小孩，怎么巫婆没把你吃掉啊？"

"她说她好久都没有侍从了，让我当。就给我打了一针，她说叫'服从剂'。但是再打一针服从剂的话，不但不服从了，而且打针之前5分钟内的记忆全都销毁了，还不会反抗。"

"这地方在哪里？"

"在夺魂迷魄园里，那里有十二条狼狗和四个守卫看守。"

我暗笑道："哈哈，这小伙子真是个大嘴巴，不知道如果我知道了，他那臭主子会遭殃吗？嘿嘿嘿哈哈哈！"

"啊"的一声，他意识到自己说漏嘴了，恶狠狠道："你要再问我一句，就把你给戳死！"

"哎这年轻人是无药可救的了！"我想，只好道，"啊！你看你身后有什么？"

他回过头，什么都没有，这时我的一拳已经到他脑后了，

"啪！啊……"他的头盔被打掉了，滚到了墙角边。

"啊！你到底是谁！"我惊叫道，原来，他正是我的弟弟——雪儿。

我赶紧用手掏他衣服，果然，钥匙在。我忙打开锁，拍拍雪儿的面颊，他迷迷糊糊地道："恶贼走开！"我笑了笑去旁边打了桶水泼在他脸上，他一惊，叫道："你怎么出，出，来了！来人！小孩逃出来啦！"

"弟弟，不用这样喊，我是你姐姐。"

"什么姐姐不姐姐的，谁是你弟弟啊，救命！来人啊！救命啊！"

"哎！"又是脑后一拳。啪！"啊……"

我从废铁堆里好不容易找到了一根坚硬又较长的铁棍，出了门。

我走向药剂室，"咔哒"一声，门开了，里面半个人影都没有。我一层层把柜子打开，一层一层找。哈哈！过了好一会儿，那药瓶，终于被我拿在手中。又是一声"咔哒"，药剂室里又变得空无一人。

第三章　夺药

我对着标志走，　夺魂迷魄园终于出现在了我的眼前，高冷的灰砖墙壁，下面站着四只狼狗和两名守卫。

哈哈，老天助我也！军力减少了好多，哈哈哈！

我拿起铁棍，挥舞着，跑了上去，狗咆叫，人大喊。

　　我一棍敲到一头狼狗的头上，那狼狗哀号着，倒在了地上，一棍接着一棍，不一会儿，四头都倒下了。两个守卫一看，都拿着枪弹来战！

　　"上啊！"一颗子弹飞来，我手掌一拍，子弹到了墙角。

　　又来一颗，照样弹掉了，我一步步逼近，他们开始连发子弹！我用钢管左右晃动，子弹给我尽数弹尽，突然，一颗子弹穿透了钢管！他们大声吼叫着而来："杀啊！冲啊！"

　　我掏出了炸弹，哎！丢了出去，闭上眼睛……

　　"bang！"它爆炸了，"啊啊啊啊啊……"前一秒钟它还火焰滚滚，现在却变成了一片灰烬。

　　"哎！都死了……"他们都是小孩子吗？我不知道。

　　我走向砖壁。

　　"滴滴！指纹密码！"

　　哎哟，糟了！这怎么办！

　　又想，可能就是那两个守卫中一个的指纹。果然，咔嚓，门开了。

　　在里面，出现了一个玻璃方箱！我拿到了！

第四章　决斗

　　我转身一看，雪儿站在我面前！

　　"雪儿！"

　　"你！给我！回去！疯婆子！"

　　"雪儿！"

但他不分"七九六十三"上来就打！

"雪儿！你！"

在他扑向我的那一刻我把针管里的药剂射了进去……

雪儿的眼睛慢慢变得茫然，突然吓了一跳，道："姐姐！这，这，是哪儿啊？"

我向他一笑，道："时间不多了，咱们走吧。"

他茫然地看着我，我抓住他的手腕，走向了巫婆的房间（有标志）。这时，针管里的药剂剩余得已经不多了。刹那间，一个声音传了出来：

"青蛙炖老鼠，蝎子煮蛞蝓，蜘蛛做配料，放在一起，搅拌再搅拌！送他们！上西天！嘿嘿嘿嘿哈哈哈！"

我向雪儿对视了一下，顺着声音寻去……

过一个墙角，只见巫婆正在做毒药！雪儿差点失声叫起来！

我们蹑手蹑脚地走过去，我的针管已经预备！突然，巫婆回过头看见了我们！

"你们是进锅来被煮熟的吗？来吧！来啊！小妞儿，你最鲜嫩，最好吃！你，叛变的人！你永远不得好死！永远！"她把一根手指指向雪儿！发出来一道绿色的光！

"不！"我喊道，"不要！"

身子不自主地往前倾，手挥舞着钢管……

"嘡！啪！"钢管四分五裂！掉落在了地上，成了废铁中残渣。

巫婆怒吼着手指不断向我发绿光！我只能勉强躲过，她似乎看出了我的弱点，开始两手连发！我惊叫一声，只好掏出一个炸弹投了出去！拉着雪儿赶紧退出！

"bang！"一声，火焰滚滚！

"耶！"我喊道！"耶耶耶耶！"无比高兴。

"真不敢相信！雪儿！睁不敢相信！"

但刹那间，一声怒吼！巫婆又复生了！我吓得大喊！巫婆邪恶地一笑，一步一步逼近！

只好这么干了！我想。我闭上眼睛，把注射器的一头猛地一按……

那液体刚好射进了巫婆张开的嘴巴里，她的笑僵住了，变成了面无表情的脸孔。

"主人。"她机械地说，"有什么吩咐，我洗耳恭听。"

我冷冷地说："自杀。"

"是。"她转过身，把一根手指指向自己，一道绿光射过……那里什么都没有了，只有一只蜗牛，在慢慢地爬啊爬啊爬……

旁边有一条河，一条极其凶猛的河。

"雪儿，咱们回家吧。"

"嗯……"

此时已接近凌晨，外面一片雾茫茫……

叶开老师评:

　　徐鸣泽的《服从》简直就是一篇非常精彩的童话作品啊。虽然不是典型的"相爱相杀",但是"我"和雪儿在奔跑时,落入一条河,然后发现,这条河中有一座美食岛(吃货必备啊),整座岛被巫婆控制,而巫婆呢,就是要抓小孩子来吃掉的。这个巫婆难道不是一个大坏蛋吗?她把"服从剂"注射到雪儿身上,雪儿就成了一个忠实的侍从,为巫婆服务,看守"我",直到"我"想出办法来找解药。最有意思的是她们和巫婆决斗,最后,"我"把针筒里的"服从剂"射入巫婆张开的嘴巴里,把巫婆给制服了。制服了的巫婆,会听从一切命令,并在"我"的命令下"自杀"了,变成了一只蜗牛。我的疑问是:巫婆原来是一只蜗牛呢?还是她自杀之后就变成了一只蜗牛?这是一只可怕的魔法蜗牛吗?不管怎么说,这篇看起来是童话小说的作品,写得真的很棒。我喜欢你的童话思维,巫婆虽然很恶,但是,整部作品充满了乐趣。我对"美食岛"有兴趣,你杀掉了巫婆,难道不应该把美食岛占为己有,天天在那里躺着吃喝享受吗?

15 那个杀手不太冷

星雨亦（唐华景） 四年级

我叫张小眠。是个眉清目秀的长发女孩儿。上高中。

爸爸是一名优秀侦探，随时准备调查命案。

而我，总是死气沉沉。

我也只能死气沉沉。

因为，我下半身瘫痪，只能依赖轮椅。这是件特别讨厌的事。

我不能起身，走路，跳跃。只能，坐着，坐着。

我很想奔跑，但是不可能。

爸爸说，目前警方的最大敌人是一个黑帮。他很烦躁。

他不知道我多羡慕他。

他可以工作，可以奉献，可以除恶。

我呢，什么也干不了……黑帮再恐怖，也和我无关。

　　我坐在轮椅上，待在院子里。这时，一个长得不错的瘦高男生走了过来。

　　他是我的同学兼好友——尹然。

　　"怎么样，小眠？还好吧？"他很温和地问。

　　"不好。"我任性地说。

　　尹然微笑着摇一摇头："我知道你很想重新奔跑，但残疾是无法改变了。"

　　"喔？你当我不知道？"我很刻薄地望他一眼。

　　我讨厌别人提起我的残疾，讨厌别人施舍的同情。

　　尹然叹口气。

　　"小眠，你……"

　　"我什么我？走开。"

　　尹然没有走。

　　我的心情很复杂。尹然一直是我的好朋友，但是残疾后，我真的不需要他怜悯。我的感觉是，我成了一个可怜的小乞丐。

　　人都是两面派。他那么关心我，天晓得心里在不在嘲笑我的残疾？一边去吧！

　　残疾，让我发现这个世界的虚伪。

尹然看着太阳。太阳升到了天正中央，像只友善的金色大眼睛，散发着温暖的目光。

尹然走了。

我揉揉眼睛。咦，地上不是尹然的手机吗？

我得把它送回尹然家。

我开起了轮椅，缓缓开到尹然家。

尹然的身影消失在门口，我赶到时，门关上了。

我听到尹然的爸爸在吼。

啊，尹然在挨骂，我进去肯定很尴尬。于是，我停在门口。

我好奇地凑在门上听。

尹然的爸爸在大叫："尹然你懂吗？你再不搞定那丫头，我们的黑帮就完啦。我真想不通，今天那残疾丫头一个人在家，你怎么又失败？那侦探不肯放掉我们判死刑的兄弟们，我们当然要把他女儿先杀了……"

啊？

我愣了。

半天，我才反应过来。尹然的爸爸，是黑帮的？尹然，是他派来杀我的？

我顺手把手机一扔，逃了。

也就是说，如果爸爸不放那几个黑帮的死刑犯……

我就死定了。

我回家，往床上一瘫。爸爸，你快下班回来吧！

不知过了多久，尹然突然从窗户翻了进来。我知道他要干什么。

尹然用力抓住我的手，几乎把我的手骨握断。他把我从床上拽起扔到轮椅上，推着轮椅跑出，进了一个树林。

"尹然，"我冷漠地说，"我都知道了。"

尹然蠕动了一下嘴唇，靠着一棵树坐下，拼命地抽起了烟。

"快点啊，杀人可不能犹豫。"我机械地冷笑着。

尹然慢慢地站起来，低声说："我不能。爸爸派了另一个杀人犯去杀你了……我是来救你走的。这个黑帮越来越不像话了。"

我生硬地哼了一声。

"你为什么不让你爸发话放掉那群死刑犯呢？你自己不要命了吗？你要是死了……"尹然抓住我的肩膀，拼命摇晃。

我冷静得吓人："不用你假惺惺。死又怎么了，反正已经残废了，没人真正在乎我……"

尹然咬住嘴唇。

"我会保护你。"他一字一句地说，转身离开了。

第二天，爸爸说，那个杀了很多人的黑帮已经被剿灭了，尹然到派出所告发了他爸爸。经调查，尹然爸爸并不是他的亲生爸爸，也并没喜欢、关心过尹然。

这样，或许最好。

我把轮椅向尹然家开去。

尹然帮了我太多。

我要去看看尹然……

叶开老师评:

　　张小眠和尹然这对关系，唐华景的设定非常明确。一个是警方，一个是黑帮。尹然受命来杀掉张小眠，而尹然不忍心下手。这样就构成了一个敌对的关系。这个关系，还可以加一点点铺垫，让尹然和张小眠之间，有一种隐蔽的友谊，张小眠虽然下半身瘫痪，但是她特别善良，特别单纯什么的，让尹然对她非常的信任，同时也产生了一定要保护她的念头。这样，他要下毒手就不容易做出决定了。而且，也可以继续这样假定，他接近张小眠，本就是不太善意的，但是，后来他慢慢地被张小眠感动了，也恢复了本来的善良……如此这般，他的转变会更加有说服力。

16　爱之敌

幂小狐（崔纾宁）　五年级

"我恨你——"凌萧说完这句话后就彻底心寒了，她觉得世上已经生无可恋，可仇恨支撑着她活了下来。两年前，她忍着辱，来到洛楚院做了个身份低贱的婢女，寄人篱下，为楚曦城端茶送水，还得和其他婢女钩心斗角，这样的生活，她受够了。她的哥哥——凌越，是楚曦城的贴身侍卫，与她相依为命，可他却在去年的冬天，传来了死讯。

那一天，寒风习习，凌越随楚曦城赴皇上盛宴，凌越在服侍楚曦城爷爷时与楚老头子同时身中楚洛天——楚曦城堂哥——的西域剧毒。此毒为毒中之王，虽然一滴毒死一千人的说法夸张了点儿，但是毒死两人还是绰绰有余，中毒者会因腹部绞痛而死，越挣扎陷得越深。可还魂丹只剩了一颗，楚老头子得救了，凌越求楚曦城给

他个痛快的死法，楚曦城知道这是他堂哥精心策划的阴谋，不想把
事情扩大化，只好一剑刺死了凌越，心中为着无辜的替死鬼亡灵默
哀。而凌萧一无所知，只是听别人说楚曦城一剑刺死了她哥哥。

凌萧面无表情地把茶倒进杯子里，重重地砸在楚曦城桌上。

"这个态度你不怕被处死么，这是个奴婢该有态度么？"

"处死？呵——"凌萧冷笑一声，从腰间拔起一把青柄匕首，
架在楚曦城的脖子上，瞪大了瞳孔，"我现在就可以杀了你。"

"如果你真的想杀我，你为什么不在茶里
下毒呢？"楚曦城不慌不忙地说。

凌萧收回匕首，坐在楚曦城的对面，没有
说话。

突然，两人同时拔出宝剑，开始厮杀。

"如果你在比武中死了，那可不算我蓄意
谋杀。"凌萧轻蔑地说。

陡然凌萧脚下一绊，差点摔入河中，却被
楚曦城单手托住，凌萧赶紧起身，说："为什
么要救我？"

"不为什么，人之常情。"刚说完，一支
箭飞了过来。

"小心！"楚曦城扑倒凌萧，自己却被一
箭穿心，他嘴角淌着血，凌萧不知所措。

"哈哈哈——没想到堂弟这么愚蠢，为
了一个贱婢自己反倒死掉了。"一听这猥琐

的声音就是楚洛天，"对了，你还不知道你哥哥当年怎么死的吧，是我！是我下毒把他给折磨死的！楚曦城不过是帮他结束痛苦。还有，忘了告诉你，十年前，你父母也是被我弄死的！楚曦城这个傻瓜，还拼了命要保护你，结果，哈哈哈哈——"

什么？凌霄心头一怔："你个杀人魔鬼——欺人太甚！"

凌萧一剑刺死了楚洛天，可旁边的楚曦城也已经停止了呼吸，满身是血的凌萧，哭喊着，铺在楚曦城的身上，眼泪止不住地流了下来："我明白得太迟了，楚曦城，你醒醒啊！"可一切都已无法挽回……

叶开老师评：

幂小狐在这篇作品里，写了一个"敌之爱"或者"爱之敌"，人物结构很简洁，就是打算为父亲和哥哥报仇的凌萧潜入楚曦城的家里，忍辱负重做奴婢，打算杀死楚曦城。然而，父亲和哥哥的死，实际上背后有更大的恶人主谋，那就是楚曦城的堂哥楚洛天。这样，当楚洛天突然出现在凌萧和楚曦城决斗的现场，并发射暗箭时，楚曦城为掩护凌萧而中箭身亡，凌萧终于明白了事情的真相之后，事情已经不可挽回。她最终与楚曦城一起，遭到了楚洛天的陷害。不过，如果从"frienemy"的角度，你似乎应该把凌萧和楚曦城写成一对情侣，因为凌萧的父兄都在楚曦城那里

惨遭杀害,而产生深深的误会,这才是"相爱相杀"。但是,
如果是情侣,她就不能潜入楚曦城这里做婢女了。或者,
她做婢女时,与楚曦城产生了爱情?后面楚洛天出现之后,
"凌萧一剑刺死楚洛天",这个写得太仓促了,需要写一下
细节,两个人殊死决斗,最后凌萧艰难地取胜———一般来
说,报仇都需要拖延到最后到来,才让读者感到大快人心。
在小说写到紧要关头时,不能简洁地"刺死",反而要拖
延,这是很重要的技巧。

17 人妖殊途

夏农（何浥尘）　七年级

"诶，小狐狸，你怎么在这啊，是不是迷路找不到家了？"一个小女孩蹲在地上，抚摸着一只白色的小狐狸。

"呜呜……"小狐狸呛出了一阵阵呜咽声。那个小女孩把小狐狸轻轻地抱了起来，发现小狐狸的腿正流着殷红的血。

"小狐狸，你肯定是因为贪玩踩到了捕兽夹吧。别害怕，我把你带回去，替你疗伤。"小女孩将小狐狸抱在怀里，离开了林子。

"小狐狸，这就是我的家啦，我带你去疗伤！"小女孩走进了一个草屋。

"可能会有点疼哦，你忍着点儿！"小女孩在小狐狸的腿上轻轻地倒了点药粉，又用白色的纱布将伤口包扎上。

过了一会儿，小狐狸就趴着睡着了。

　　"小狐狸，你先在这儿乖乖待着，我去采点草药，很快就回来，你不要乱跑啊！"小女孩又轻轻地抚摸了小狐狸几下，就拿着一个篮子走出了草屋。

　　在太阳快下山时，小女孩回到了草屋中，却发现另一个小女孩正坐在床上。

　　"啊，你是谁呀？为什么会在我家里？"小女孩大叫起来。

　　"别害怕，我是刚当被你救回来的小狐狸，我叫琉璃，你呢？"琉璃坐在床上抖着双腿。

　　"我，我叫倾城。"倾城还是有些害怕，问道，"你，你是妖么？"

　　"是啊，但是我不会伤害你的，我是好妖，你放心，而且你救了我我怎么会伤害你呢？"琉璃坐在床上，被倾城害怕的样子逗笑了。

　　"那。那你会不会伤害别人啊？"倾城小心翼翼地问道。

　　"我？我现在应该不会吧，不过母后说过，有的时候妖是必须伤害人的！"琉璃一本正经地说道。

　　"你可不可以尽量不要伤害人？"倾城鼓起勇气问道。

　　"嗯……你救了我，我们就是朋友啦，我答应你！"琉璃笑道，"你也不要害怕我啦，我们现在是朋友！"

　　倾城听到她这话，就笑了起来。

　　"这里就你一个人住吗，你父母呢？"琉璃问道。

　　"我和我师父住到这里，我师父说，我父母是人类领袖，在仙族、魔族、妖族、人族的大战中战死了。"说到这里，倾城的神色黯淡了下来。

"人魔仙妖的大战？我好像听说过，那你的父母就是倾毅和凤麟吧？母后和我讲过他们，那次大战，是仙妖人共同对抗魔族，母后说你的父母是了不起的英雄！"

"不说这个了，我们去玩吧！"倾城拉着琉璃来到了院子里。

"哇，你家后院里有这么多好玩的啊！"琉璃开心地叫了起来。

时间很快就过去了。

"倾城，我得回家了，不然母后会着急的，我下次再找你玩啊！"琉璃依依不舍地和倾城告别，"对了，这个镜子送给你，只要你对着它说话，我就可以听见！"琉璃掏出一个小镜子递给倾城，便离开了。

琉璃没走多久，倾城的师父雪莹就回来了。

"城儿，从今天开始，师父就要教你法术了，你有你父母的良好血统，在之后与魔或妖的斗争中可以保护人族子民！"

"师父，妖族也会与我们为敌么？"

"妖族毕竟不是正义的一方，不敢保证他们在以后会不会与人类为敌。"

听了师父的话，倾城便没有开口说遇到琉璃的事。

十年后……

一个女子一袭白衣，戴着面纱，手中拿着佩刀，在青龙街上走着，身周散发着一阵强大的气息。这就是倾城，十年来她勤奋修炼，再加上本来就有的天赋，法力已经达到了很高的境界。她一直这么勤奋修炼下去，很快就可以成仙了。

一个人突然跑过来猛地撞了倾城一下。

"抓小偷，抓小偷啊！"后面传来了一个妇女的叫声。倾城听见后，纵身一跃，就跃到了那个小偷面前，将剑架在了他的脖子上，小偷吓得立刻将钱袋丢了出去转身想跑，却被倾城一把抓住，丢了出去，丢下两个字："报官！"

说罢转身就走。

"姑娘留步，和在下比试比试可好？"那个声音刚说完就拿着剑向倾城刺去，倾城转身，轻松抵挡住了攻击，纵身一跃，那人一看，立刻追了上去。

"好了琉璃，这里都没人了，你别装了，终于回来看我了啊！"倾城转过头，取下面纱，看着对面笑呵呵的女子。

"倾城你厉害啊，这么久了还认得出我，十年未见，你现在这么漂亮啊，不愧名叫倾城！"琉璃笑着说道。

"你也是啊，走，我们俩一起去吃一顿！"倾城笑呵呵地拉着琉璃。

茶楼里……

"琉璃，我只要再修炼一段时间就可以成仙了！"

"那太好了啊，我再过几年我就要继承母后的帝位了，到时候我就是妖族女帝，邀请你来妖界玩啊！"

两人正聊得开心，突然一只白鸽飞了进来，停在了倾城面前，倾城把白鸽脚上的纸条拿了下来，看着看着神色就凝重了起来。

"怎么了倾城？"

"师傅说魔族蠢蠢欲动了，要我做好戒备。"

"魔族？那我得回去和母后先说好，做好准备！"

妖界……

"母后，你怎么了？"琉璃抱着躺在地上的女帝，"来人啊，巫医，快来！"

"公主，此毒在下无法解啊，在下现在就去请仙族的医生来治疗女帝！"巫医迅速退下，过了一会儿就带了一个仙医回来。仙医把了下脉，摇了摇头："公主，此毒无色无味，不易察觉，并且在中毒后，会发不出声音，现在已经毒已经侵入五脏六腑了，来不及了……"

琉璃听了这话，瘫倒在了地上。

过了很长时间，仙医离开后，琉璃问道："此毒出自哪里？"

"这……"巫医犹豫着不敢回答。

"说！"

"回殿下，来自……人族……"

"人……人族？"琉璃不敢相信地摇着头，"怎么会？人族怎么会害我的母后？"

"报！我族未幻化人形的族人被大量杀害，凶器似乎来自人族！"琉璃听了，再次瘫倒在地上，难道妖族注定要与人族为敌吗？

"报！门外有一个蒙面人求见！"

"不见……"

"可是……"

"我说了不见！"

"殿下，在下有要事和你商议！"蒙面人闯了进来。

"谁让你进来的，出去！"

"殿下，请听听在下所说，此事极为重要，这里闲杂人等……"

琉璃思考了半晌，最后挥了挥手让那些人都退下了。

蒙面人取下斗篷，露出了额头上的黑色印记。

"魔族？"

"殿下想必也看到了，人族杀害你的族人，毒死你的母后，仙族见死不救，您还要站在他们那边吗？"

"妖族是不会帮助魔族的，正邪永远不可能在一起！"

"哈哈哈！"蒙面人大笑了起来，"什么是正，什么是邪，难道你所谓的正就是杀害你族人，毒死你母亲的人族，还是见死不救的仙族？"

"人族不会这样的，仙族也不是见死不救，只是无能为力而已！"琉璃吼道。

"殿下，你何必自己骗自己呢，凶器都是人族的，而仙族那么神通广大，怎么可能救不回你母后，殿下就不要再自欺欺人了！"

"够了，不要再说了！"琉璃拼命逼自己不要相信这些话，但事实摆在眼前，她又不得不相信。

趁着琉璃愣神，魔族使者立刻施咒："人族和仙族是你的敌人……敌人……"

　　"敌人！妖族听令，立刻攻打人族与仙族！"琉璃彻底放弃了。

　　"魔族已经准备好了，妖族一定效忠魔族！"

　　战场上……

　　"琉璃，你在做什么，这只是魔族的阴谋，他们偷了人族的武器和毒药，去杀死你的族人，你不要被蛊惑了！"

　　"倾城你不要再说了，人族和仙族是我的仇人，今天不是你们死，就是妖族亡！"说罢两人又交战起来。

　　魔族将领突然出现在了琉璃身后，一掌朝琉璃打去，倾城正好看见，立刻推开了琉璃，挡在了她面前。

　　"倾城，为什么，你为什么要救我！"琉璃哭喊着。

　　"噗"一口鲜血从倾城嘴中喷出，喷到了琉璃脸上，琉璃瞬间清醒了。

　　"琉璃，醒醒……正……正是人族、仙族和妖族，人族……没有杀害你的族人……琉璃……不要再错下去了……醒醒……"倾城说罢头便向一边歪去。

　　"倾城！"琉璃抱着倾城仰天长啸，挥刀将又要杀死自己的魔族将领砍翻，"妖族战士听令，攻打魔族，一个不留！"

　　在人妖仙的强攻下，魔族再次大败，逃回了老巢。

　　而琉璃当上了妖族女帝。

　　"倾城，你看到了吗，这就是妖界，我一定会找机会复活你的！"

　　"帝君，仍然没有找到复活的方法，人妖……殊途啊！帝君放弃吧！"

"再去找，谁敢再提人妖殊途这句话，就不要活了！"琉璃看着在冰棺里的倾城，又回想起了自己被她救的两次，和她一起玩耍的欢乐时光。

倾城，我不相信人妖殊途，我一定可以复活你，我们一定可以回到当年的欢乐时光！

叶开老师评：

何浥尘写了一篇超伤感的《人妖殊途》，我读了，一直觉得哪里需要开解一下。对了，就是魔族首领控制了琉璃，挑拨离间人族和妖族的关系，让琉璃带领妖族进攻人族，然后趁机暗算，而倾城奋不顾身地挡住了魔族的致命一击，并牺牲自己这个地方。为了凸显魔族首领的邪恶，可以再想一下，塑造他的杀招的邪恶和阴毒，例如什么冰毒之类的，把人族的天才倾城击得魂飞魄散，为了今后可以救活他，琉璃只好把他保存在冰棺里，然后，再想办法去仙界恳求仙药例如还魂丹之类。而为了去仙界，作为妖族女帝的琉璃，不得不努力修炼，越过了好几重死劫，最终从妖升为仙，而很容易地就把倾城救活了。这只是我的假设。我觉得，你架构了一个很棒的故事和情节，倾城搭救小狐狸的开头，也很有些经典意味，可以作为一个很棒的开端。小狐狸如果再调皮一点，搞恶作剧，或许更好玩。而对于魔族、人族、妖族、仙族，也可以做一点介绍，让不熟悉的读者有点知识背景。这样，故事会不会更有吸引力呢？

18 杀手姐妹

田静怡　三年级

　　有一对地球人姐妹，姐姐叫柚诺，妹妹叫零丁，她们俩是孤儿，从小就被一个秘密的杀手机构训练成为高级冷血杀手。

　　在刚开始训练的时候，训练异常艰苦，许多人都因为训练太辛苦而死掉了，只有她们两个活了下来，成为真正的杀手。但是这并不容易，中间有她们互相鼓励、安慰彼此、分享快乐，才让她们意志坚强地存活了下来。

　　等她们训练完毕之后，教官就给她们布置了一项任务，任务是在一个模拟场所里完成所有的难关。可以自己选择喜欢的武器，不过一般只有几种武器可选，当然了，也会有高级的武器。在最后一关里，是在太空里与外星生物对战，零丁后面突然出现一只Boss，零丁没有注意到，但是柚诺注意到了，于是柚诺快速冲过去杀死了Boss，救下了零丁。等她们两个通过了这次模拟关以后，就可以等待一些机构来雇佣她们去完成一些普通人不能完成的任务。

她们两个都不想分开，凑巧有一间机构正好要雇用两个人，所以就雇用了她们两个人。她们被派到一个叫作X号基地飞船上，这个飞船的目的是探索宇宙中的其他星球。这次，她们来到一个未知的星球，电脑上对这个星球的资料少之又少，于是，飞船靠近了那个星球一点，接着，电脑检测到星球有未知生命体，可能这些未知生命体存在危险。所以，飞船就派她们两个去勘探星球。因为她们两个是杀手，遇到紧急情况可以自保而其他人不会。

正在她们登上一艘小飞船要去往那个星球的时候，柚诺正在设置程序，而零丁正在穿太空宇航服，"滴滴滴，飞船即将要起飞，请各位乘客做好起飞准备。""哔哔哔，飞船出了故障，请及时修理。"这时，飞船猛烈晃荡了一下，零丁因为疏忽，没有带上头罩，所以头撞在一个箱子上。渐渐地，飞船稳定了。

柚诺说："零丁，你没事吧——零丁，零丁？"柚诺见零丁没回应，便转身一看，零丁的额头上有一块瘀青，可能是刚才颠簸的时候撞在哪里了。柚诺晃了晃她，可零丁还是昏迷着，柚诺着急地喊着她："零丁，零丁，醒一醒！"这时，零丁处在一个白色的空间里，她环顾周围，不知道这是哪里，这时有一个人影渐行渐远，用温和的口气说着："零丁，零丁……"

这时，零丁醒了，问柚诺："这是哪里？你是谁？我为什么在这里？"

"这里是飞船啊，我们要去执行任务，我是你姐姐柚诺啊！"

"是吗？我怎么都不记得了啊。"

"你不会是刚才脑袋撞在箱子上失忆了吧？"

"我不知道。"

"算了，飞船着陆以后你就跟着我吧。"

零丁这时虽然不认识眼前的这个女孩，但对她总有一种信任感，不知道这种信任感随着时间的推移越来越强。

"零丁，当心，前方有不明生物。"柚诺说着，果真前方出现了一群类似章鱼的古怪外星生命。

柚诺立即和他们杀了起来，而零丁却呆呆地站在一旁看着。后来那些外星生物打不过柚诺，随后他们注意到了零丁，就朝零丁聚集了过来。他们还挺聪明的，留一些来拖住柚诺，另一些来包围零丁。但是，他们似乎不想攻击零丁，他们把零丁团团包围，对零丁使用了一种很奇怪的超声波，有点类似催眠。由他们的首领来控制零丁，来压制柚诺。

零丁被他们控制了，柚诺看零丁有点不对劲：眼神空洞、四肢软弱、表情奇怪。然后，零丁挥起武器，直向柚诺砍来，柚诺连忙举刀迎接。

　　柚诺一直大喊着："零丁，零丁。"零丁还是没反应，柚诺只好继续迎战。她不知道怎么样才能既不伤害零丁又能制服她，然后，她专心致志地投入到战斗中。零丁越来越凶猛。这时，柚诺注意到远方的那一大群外星生物，她突然灵机一动：会不会是他们在控制零丁？于是，柚诺迅速跑过去，一刀把围着的外星生物分散开，另一刀把那个外星首领劈成两半，首领死了，零丁也就恢复正常了。其他外星人见首领死了，就四处逃窜，东奔西跑了。

　　这时，柚诺向零丁跑去，零丁的脑海里闪过一个记忆碎片，记忆里有个女孩也在向她奔跑过来，和眼前的这个柚诺一样。这时，零丁头疼欲裂，接着就晕倒了。柚诺过来看到她晕倒了，连忙把她拖到飞船里，锁好飞船门，单独一个人去勘探星球。

　　在柚诺离开的这段时间里，那些外星人心存不甘，偷偷地接近飞船，一下子扑上来，但是他们无法进入飞船，就用了特殊的能力来干扰飞船里的生命。零丁受到了刺激，这次外星人弄巧成拙，反而让零丁恢复了记忆。零丁突然惊醒过来，看到飞船外的奇怪生物包围着飞船，于是，拿起她的武器，冲出飞船，把他们杀了个片甲不留。

　　这时，柚诺刚好回来了，零丁因为太过思念她，冲上去紧紧抱住柚诺，柚诺也紧紧抱住零丁，然后，俩姐妹就乘坐飞船回到X基地飞船上。

　　最后，零丁和柚诺顺利完成任务，并向她们的杀手训练营营长说她们不想再当杀手了，因为她们的表现很出色，营长先是挽留她们，然后就同意了她们的请求。

从此，零丁和柚诺就住在森林里，搭了小木屋，在森林里过着自由自在的生活。

叶开老师评：

田静怡的《杀手姐妹》写了一对孤儿，柚诺和零丁，她们在一个杀手训练营里被训练，并且经过艰苦训练，通关后顺利毕业。这个秘密杀手基地在训练杀手，他们的目标是什么？一个杀手毕业了，必然有特殊人物，例如去刺杀别人，去干一些特殊的事情。你这里写她们被派去探索外星球，结果零丁在飞船起飞时，脑袋撞在船上，失忆了，然后她们碰上了外星人。柚诺既要跟外星人战斗，又要保护零丁，但是她仍然战胜了外星人。而在柚诺独自去探索另外的外星时，那些失败了的外星人又来袭击零丁，反而让零丁恢复了。你这样写，确实很有趣。以后再写时，你可以再考虑给人物如"杀手姐妹"设定一个更为明确目标，这样，写起来会更紧凑。例如，"脑师"随便想想，你可以设定训练营是一个邪恶的机构，也可以设定他们是正义的机构。比如，杀手姐妹的亲生父母，被一个坏蛋杀害了，她们从训练营里长大之后，找到了杀害自己父母的坏蛋……

19　蒂娜的复仇

汤夏香木（郑婉清）　三年级

　　那是一个满月，她独自坐在冰冷的、长着苔藓的砖块上，身边是一个小小的包袱。

　　月光如银，洒在她的身上。

　　她很想最后看一眼身后的那幢房子，但她没有。

　　那幢房子有什么好看的呢？她的父母已经去世，那房子不再有生气。

　　"一些人"把她家的东西全部带走了，连一张床都没有留下，然后又把她轰出了家门。

　　她离开回忆，回到现实。

　　借着月光，她看见不远处有一个男人和一个女人，他们也看见了她。

随后，他们互相叽里咕噜说了一大堆话。

接着那个男人走了过来。

……

在月亮的光辉下，三个人朝着同样的方向走着——走向"家"。

"你叫什么？"

"蒂娜。"

"叫你蒂娜·米兰好吗？"

"可以。"

（以上是"母亲"与蒂娜·米兰的对话）

一年后：

"蒂娜，母亲要带我去花园，你要去吗？"

"蒂娜，父亲要带我去海岛上旅游，你不会不去吧？"

"蒂娜，快来帮我拆我的圣诞节礼物，好吗？"

……

对于蒂娜来说，这个小姑娘未免太热情了点。

"这个小姑娘"叫贝琳达·米兰，是米兰夫妇的独生女。

可能是因为她太"孤独"了，所以才会对蒂娜，这个来之不易的朋友如此热情。虽然她俩不是亲生姐妹，但贝琳达早就把她当作自己的小姐姐了。

蒂娜也很喜欢和贝琳达玩，直到那一天……

　　"那一天"是一个晴朗的天，贝琳达和她父母出去了，蒂娜独自待在家里，她像平常一样，偷偷溜进书房，打算在这儿看看书。可是当她捧起一本书，坐在书桌前，准备看书时，她发现书桌上摊着一本厚厚的大日记本。蒂娜对这本日记本很感兴趣，就随手翻了翻这本厚厚的、大大的日记本。不翻不要紧，一翻吓一跳，以下是蒂娜翻到且看到的日记：

1444年4月4日：
　　……今天是个大晴天呢，心情不错，说不定会有好事发生……
　　……果然运气很好，A号计划成功了，那素日处处要踩在我头上的艾勒夫妇的饮料已经被我下了毒，估计马上就要死了，那对傻瓜还不知道，哈哈……
　　……啊，他们已经死了，这是一件多么悲伤而又欢喜的事！可惜那小艾勒只能自己养自己了，因为我们会把那房子收拾得干干净净，什么也不剩……
　　……接下来要做的事，就是把自己手上艾勒夫妇那肮脏的鲜血洗净，但就算我不洗，众人也绝对不会怀疑我这个又诚实又老实的塞姆·米兰！

　　蒂娜实在是不相信，那位和蔼可亲的塞姆·米兰，她的养父，会做出杀人的事情……等一下，自己的母亲不是叫朱莉·艾勒吗？自己的父亲不是叫乔伊斯·艾勒吗……

　　蒂娜沉浸在回忆中，过了好久才反应过来：塞姆·米兰杀了她的父母！贝琳达早就告诉过她，在这条街上，只有一家是姓艾勒的，后来那家人又神秘失踪了……

　　就这样，蒂娜站在书房里想了整整一天，想她的父母，想塞姆·米兰，还想贝琳达。她也不知道自己为什么要想他们，她只是觉得，从此以后，她对米兰一家产生了另一种情绪，不包括自己，但包括贝琳达。

　　这种情绪是很微妙的，却是可以随着年龄逐渐变化的。三年过后，蒂娜与同样大小的、天真可爱的少女贝琳达比起来，就已经是一个有许多心事的大姑娘了。有些时候，蒂娜和贝琳达玩得太过高兴了，她会暂时忘掉这种情绪，当她平静下来了，她就又显得心事重重了。

　　在蒂娜与贝琳达21岁那年，米兰夫妇与世长辞。蒂娜虽然一直没有忘记杀父、杀母之仇，但因为她不想破坏了与贝琳达的友情，所以一直忍着。

　　后来，她俩因为种种原因分开了，之后也没再联系。

　　1454年，国王去世。

　　他的遗嘱是这样的：

　　　　因无子嗣，所以将王位传给米兰夫妇的两位女儿之一，蒂娜·米兰与贝琳达·米兰。今年7月14日将由所有的大臣评判真正的女王。

　　　　注：米兰夫妇对皇室有恩，但米兰夫妇已死，其女为王。

　　七月，蒂娜准时出现在了宫门口。她到的时候，贝琳达还没到。她突然想起了朱莉·艾勒、乔伊斯·艾勒和塞姆·米兰。那股仇恨开始控制不住地往上冒。她告诉自己，今天，如果你成功了，那么你就不用再忍了；但是如果你失败了，那你一辈子都无法再报仇了……

　　贝琳达晚一会儿到达，她自信地想，自己一定可以成为女王，要是没能成功，那才奇怪。她想得很正常，因为她已经阅读了大量的政治类书籍了。

　　结果出乎意料，蒂娜赢了。这使贝琳达很不高兴——什么事是比做了充分的准备却不成功还要扫兴呢？

　　贝琳达知道蒂娜是米兰夫妇的养女，蒂娜刚来他们家，米兰夫人就告诉她了。想到这一点，她就更生气了：一个我父母领养的小姑娘成了女王，我却没有！她抢走了我的王位！

　　她很生气，她觉得大海、天空都装不下她的一肚子气；这还不够，她已经气到把她俩的所有照片都撕毁了，把蒂娜送她的所有礼物都扔了，甚至连国王亲手写的那份遗嘱上的蒂娜·米兰也用笔涂掉了。她一点儿也不甘心，大臣们凭什么选蒂娜那个"低贱"的养女，却不选她这个真正的米兰小姐！

　　在她很愤怒的时候，她会去她的花园里看

看，她的那些月季花总能用芳香来缓解她的愤怒，让她冷静下来。

她回到屋里，给大臣们上书，写下要亲自见女王。

她这样做，是打算在皇宫里告诉所有的大臣们，蒂娜不是米兰家的人。

大臣们同意了，谁让她是女王的"亲"妹妹呢？

她当着众人的面，大声地宣布蒂娜并不是米兰夫妇的亲生女儿，只是个养女。

口说无凭，大臣们根本不相信她。

最后她被处以叛国罪，绞刑。

蒂娜在这过程中，没说一个字，只是心平气静地坐在她的座位上。

准备绞刑时，女王突然冲进了绞刑场，并把所有的人都轰了出去。

她在里面，和贝琳达整整待了三个小时。出来时，她脸色苍白，身子不住地发抖，一副失魂落魄的模样。

女王在贝琳达死后的第一天突然消失了。

叶开老师评：

汤夏香木写了一篇超级厉害的小说，结尾让"为师"大跌眼镜（虽然我没有眼镜），简直是不敢相信自己的耳朵啊。竟然，蒂娜就把贝琳达杀了！这个作品里，蒂娜的父母被贝琳达的父母下毒毒死，然后她又被米兰夫妇收为养女，和米兰夫妇的亲生女儿贝琳达一起长大。在一个偶然的机会，蒂娜看到了米兰先生留下的日记，才知道，自己的父母艾勒夫妇是被貌似老实的米兰毒死的，他们的仇恨——还不是很明显，是因为艾勒处处高人一等，让米兰生气吗？还是他们有竞争关系？例如是堂兄弟关系。例如，如果国王死了，将会在他们之间找一个继承人？这样，他们之间的仇恨，就可以理解了。不过，如果是这样，米兰夫妇又不会收养仇恨的孩子了。真伤脑筋啊。或者可以解释为，他们就想看到仇人的孩子给自己做仆人的样子，是一种变态心理。然后，蒂娜怎么战胜贝琳达这个重要细节上，也要写一下。你只是交代了有这么一个事情，说蒂娜战胜了贝琳达，但是怎么战胜的？要写出来，才有说服力。

20 陈皮日记

徐梓豪　六年级

大家好，我叫顾艺航，最近我遇到了些麻烦，我第一次遇见这种情况，对于我这个别人一有关于情感上的问题就来问我这样一个爱情专家来说，我真的拿捏不住，真的不知道该怎样做出选择。我把这件事写在这本日记上就是要让今后读到这一段文字的人都能来帮帮我。

这本日记是我在一次山中探险时，在一个山洞里无意间找到的，上面只有在第一面上写着一句话："任何值得拥有的东西，都值得等待。"

单单从这句话上看就可以看出这本日记的不凡。

一天，当我回到家的时候，我在路上正好在思考一件事情，没有太注意前面的人。

"啊！"

"对不起，对不起，我不是故意的。"

我连忙抬起头对前面的人道歉，就在那一瞬间，我被吓呆了，那简直就是天仙下凡啊。虽然年龄还小，但是也不可小觑，婀娜的身躯，秀美的脸庞，我呆呆地看着她。她渐渐被我盯得满脸羞涩，连忙就往我身边走过。没错，你没有猜错，就在那一瞬间，我已经喜欢上了她。

第二天到了学校，我坐在我的座位上，我的旁边是空着的，我并没有同桌，我正拿着一本小说读得津津有味，就在这时，老师走了进来。我很惊讶，因为老师一般不会那么早来到我们班的教室的，我们全班所有的眼睛都盯在老师的身上。

老师走到讲台中央，清了清喉咙，随后说道："从今天开始，我们将会迎来一位新的同学，她来自北京，现在请我们以最热烈的掌声欢迎她。"

在一阵稀稀拉拉的掌声中，一个女生走进了教室。全班都被惊呆了，男生们停下了手中所做的一切，目瞪口呆地看着她，女生们捂着嘴，惊讶的面孔丝毫不比男生弱。我也吓呆了，那……那不就是我无意间碰见的那个女神吗？

这时有几个人反应过来，连忙带领着大家使劲拍起掌来，这掌声苍劲有力，跟刚刚的掌声截然不同。老师也愣住了，但随后又反应过来，对着女生说："做一下自我介绍呀。"

女孩自信地走上了讲台，说了起来："大家好，我的名字叫李可行，来自北京，今年12岁了，请多多关照，谢谢大家。"

　　老师点了点头，对李可行说："可行，你去和顾艺航坐吧。"

　　"啊。"我下意识地说了出来，没想到老师竟然会让她和我坐，正在我发愣的时候，她已经向我走了过来，她的笑容很灿烂，我可以感受到四周男同学对我的眼神，但我毫不在乎，帮她拉开了板凳，就继续读自己的书了。虽然我的表面看上去是在看书，其实我根本读不进去一个字，毕竟我的女神就在我的旁边，就在离我不到一米的距离，我的心在扑通扑通地跳着。

　　"没想到你竟然会在这儿，好啦，你的名字叫什么呢？"李可行带着疑惑的眼神看向我。

　　"顾艺航，还有，那天的事希望你不要介意。"我头也不抬地说道。

　　"当然不会介意了。"李可行边收拾着课桌边对我说道。

　　转眼间，已经到了期末的时候，我还是与我的女神坐在一起，自从我和她坐在一起以后，为了不让她看不起我，我拼命努力，成绩也在慢慢提升，因此，老师也没有调座位。李可行也给我取了一个外号，那就是：伐草机。你们肯定想不到，这个称呼是因为在课间的时候，我就经常在花园里捡些树叶来撕树叶，其实我是想以这

个名义，来看看李可行。她也没有想到，就天天看见我在那儿撕叶子，就给我取了一个伐草机的称号。说句实话，我挺喜欢这个称呼的。我也越来越喜欢她了。在一天晚上，我们正在拿手机上的微信聊天，我终于向她告白了，那时我的心情是十分紧张，甚至还带着一点点慌张。令我惊讶的是她的回复：勇气可嘉。

那时我的感受很难说清楚，也很难描述出来，整个人简直呆了一样。但是心中一直有鼓劲儿在坚持着我，就是那本日记上的那句话："任何值得拥有的东西，都值得等待。"

经过了3年的坚持，现在我也有着一点点她喜欢我的感觉了，虽然只是一点点，但对于我来说也是心满意足了。

世上没有不漏风的墙，这个消息还是传到了李可行母亲的耳朵里，李可行的母亲十分生气，认为现在就应该好好学习，而并不是干其他的事情，而且自己的女儿还是一个学霸，一个作为母亲的，怎么可以让自己的女儿陷入困境呢。她立马就切断了这个关系，至今也是。

2017年7月14日　星期五

叶开老师评：

徐梓豪这个《陈皮日记》写的是一个少男少女的情感故事，没想到，用日记的方式，以顾艺航为第一人称主人公叙述，讲自己和李可行的情感故事，倒是娓娓道来，丝丝入扣。从路上不小心"碰头"到极其偶然地发现李可行插班来到自己的班上做了同桌（有点太巧了吧），写得都很好，那个"伐草机"的设定，也相当棒。哈哈。你写细节很厉害呢。后面的"世上没有不透风的墙"，李可行妈妈强行拆散了这段关系，写得有点匆忙，似乎应该有点自己的态度，才配得上"陈皮日记"这个设定，不能这么草草就了结啦。另外，你给主人公起的名字超棒，我很喜欢李可行这个名字和顾艺航这个名字。简单，又有味道。

21 兄弟

王曦睿　三年级

在唐朝的余镇，有一对兄弟，他们叫司空和飞空。他们无父无母，只能互相照顾，但是有时候也会有小矛盾。

有一天，司空追一个小偷，追到了森林里面，小偷无路可跑了，司空就拿出了宝剑杀死了小偷。

他想走出森林，回家去。可是前面有一群蛇，堵在路上。它们互相缠绕，缠成了奥林匹克的五环，还吐出了舌信子，发出"咝咝咝"的声音，像是在挑衅司空似的。司空抬起头看见树上有一根很粗壮的香蕉状藤蔓，就"嗖"的一声跳了上去，司空就这样荡着香蕉船离开了蛇群的领地。

可是司空的面前有一条宽阔的河，他以为很简单就可以蹚过去。但当他正准备把脚放进水里的时候，突然蹦出来一条鳄鱼，鳄鱼凶狠地咬住了他的衣服，眼睛睁得大大的。司空的心情糟透了，他觉得鳄鱼要把他给吃了。

司空拼命地呼喊飞空。

"飞空，救命啊！"

"飞空，救命啊！"

……

飞空听到了，就飞快地朝小河边跑去。飞空看见司空被鳄鱼咬得死死的，就拿出宝剑砍下了鳄鱼的头。

司空对飞空说：要不是你及时赶到，我就成了鳄鱼的食物了，谢谢你呀。

飞空说：我们是世界上最好的兄弟，这是我应该做的，就不用说谢啦。

于是他们就一起回到了镇上。

在镇上，他们看到了一群人在橡树底下打麻将，就围了上去。

司空对飞空说：我们也打麻将娱乐一下吧？

飞空说：好啊。

那些人笑呵呵地说：欢迎欢迎。

于是他们就坐了下来打麻将。

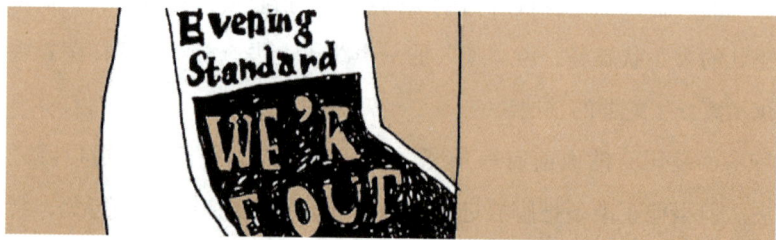

第一局飞空赢了，司空输了，那帮人也输了。

第二局飞空赢了，司空输了，那帮人也输了。

……

过了好几局，司空也还是输了，那帮人也输了，飞空还是赢了。

司空灰心丧气地说：我不玩了！

飞空本来还想赢钱的，但看到司空那副表情后说：我也不玩了。

司空在前面走着。

飞空在后面跟着。

突然司空把头向后一转，朝着飞空逼近，硬是把他逼进一个墙脚。

司空对飞空拳打脚踢，嘴里还说：你竟然把我的钱全赢走了。

飞空抱着头说：这不怪我呀！是你运气不好啊！

司空"哼"了一声，又踢了他一脚，就回家了。飞空被打得鼻青脸肿，也准备回家搽药去了。

回到家后，他们你不理我，我不理你。可过了几天，他们又和好了。

叶开老师评：

王曦睿这个"相爱相杀"的兄弟，在结构上，写得比较明快简单，司空和飞空这两个孩子的生活和冒险，很像是某个打游戏的画面，如碰见蛇群，又撞上了鳄鱼，好像是冒险游戏。至于他们在和一群人打麻将时,飞空赢了很多钱,司空输了很多钱,这个设定,不是必然的逻辑,而是偶然的,跟前面的蛇和鳄鱼没有前后关系,这样,就显得这个设定是随意的,不是有机的。你如果能把这几个情节串联在一起,用某个主题贯穿,那会更好。例如,假设这对兄弟去丛林冒险时,是为了找到一个宝藏,而找宝藏的任务,是一个老大(坏蛋)交给他们的。他们必须完成,不然,就会遭到老大的伤害,这样,他们碰到了毒蛇、鳄鱼,都被穿起来了。打麻将,也可以设定是一个"关",只有赢了那些人,才可能得到宝藏的消息。

22 同 桌

张又允   四年级

（本故事纯属虚构，如有雷同，纯属见鬼）

第一节　恨虚伪

今天上数学课的时候，我不小心过了"三八线"。我那"猛女"同桌在桌子下面不停地踹我，"佛山无影脚"什么的都使上来了，害得老师讲什么我都没听到。同桌刚刚停下来，这时，就听见老师叫了一声我的名字："刘浩明，请你出　道与容积和百分比有关的题目，并解答。"

完了，上课我完全没有听，只能靠即兴发挥了。于是，我吞吞吐吐地回答："假……假如废水以每……每秒200毫升的速度排……排出，《新华字典》由……由一月份的十一块一本提……提高了百分之三十，那……那么我多大了？"

说完，我就预料到这道题目有可能出得不对，接着，我感觉脑门有一滴汗滚落下来。突然，全班发出一阵爆笑。

老师忍住笑，问我："你准备怎么解这道题？"

我搬出指头数："一一得一，二八十六，三三妇女节，五一劳动节，六一儿童节，七一……哎，七一是啥来着？"

全班再次爆笑。

老师生气地一拍讲台，朝我爆发了"狮吼功"："刘浩明，你是怎么回事啊！都上六年级了，乘法口诀表都背不出来，我看你可以回一年级读书去了！"

不过，我没有哭，因为我是全校有名的厚脸皮嘛。按照死党王锡的说法，我不但有鸡皮，还有马皮、狗皮、猪皮……老师说："这道题我刚刚让班长回答过，你还回答不出来，你上课在干吗？"

我心想：哼，这正是反击同桌劳晓静的好机会！我瞥了一眼劳晓静，她已经从刚才的"猛女"瞬间变成了"淑女"。

哼，虚伪！我大声说道："老师，是劳晓静在桌子底下踹我，才害得我没有好好听课的！"

劳晓静涨红了脸，说："瞎说！我没有！"

老师大怒，说："劳晓静是学习委员，怎么可能去惹你！"我感到很无辜。

第二节　爱友善

今天体育课时，由于我思想开小差（就不告诉你我在想什么），赛跑的时候摔了一跤，膝盖出血了，许多女生都吓得直往后躲，劳晓静却挺身而出，自告奋勇地向体育老师提出送我去医务室。

到了医务室，我发现她头上挂着细细的汗珠。我不禁问那"猛女"："你干吗要送我来呀？"

劳晓静抿了抿嘴唇，想了想，回答说："哎呀，反正我也不爱跑步，就当找个借口不跑步了嘛。"可是，说话为什么还要偷笑呢？真令我想不通。

第三节　很霸道

离劳晓静的"异常友善事件"已经过去一个礼拜了。这个礼拜劳晓静突然对我特别友好，弄得我有些不知所措。今天，她又爆发出了"猛女"本色，恢复了原来的霸道样儿。

事情是这样的：上英语课时老师报听写，她没带橡皮，小声地叫了一声："喂，胖西瓜（我的外号），借我一下橡皮。"

以我的绅士风度，我当然是借给她了。一切平静。

接着，报到单词"apartment"时，我把"a"写成"e"了。

我把橡皮拿来擦时，我那同桌竟然霸道地硬生生地把橡皮夺到了她的手中！我正准备把橡皮夺回来，老师突然冷不丁地说："刘浩明，听写要独立完成，不要看同桌的！"

我瞥了一眼劳晓静，此时，她正抿着嘴偷笑呢！哼，装秀气！

我告诉老师："报告老师，是劳晓静先把我的橡皮夺走的！"

劳晓静为自己狡辩："老师，我今天忘带橡皮了，是刘浩明把橡皮借给我的。我刚刚正拿橡皮来擦呢，刘浩明想把橡皮抢到他那儿去，我跟他说，等我把这个字擦好，可他就是不听，硬是想把橡皮抢过去，我刚想制止他，您就发现了。"

哼，霸道的母老虎！

第四节　爱友爱

劳晓静不知最近又吃错了什么药，突然说要辅导我功课。我看她还蛮有诚意的，就让她每天放学都到我家来辅导我做功课。劳晓静辅导我功课的时候很友好，"猛女"的样子烟消云散。她从九九乘法表、26个字母、写日记开始，一点一点地教我。每天，她都会耐心地教我，一直到我把作业做完，那通常都是晚上八九点了。这时，她才会回到自己家，完成自己的作业，做培优班的作业，弹钢琴，刷练习题。因此，她每天晚上都很晚睡觉，第二天上课没了精神，就会挨老师骂。

"劳晓静，你怎么回事，上课一直不专心听讲，最近你是不是和那些坏孩子混在一起了？每天都那么晚睡觉，再这样下去，我就要叫你家长了！"老师这样骂着她。

她流下委屈的眼泪，但每天还是无怨无悔地辅导我功课。一天，她来学校时，脸上有好几道血红的疤。我问她怎么啦，她故作开心地回答我："咳，没事儿，昨天班主任打了个电话给我爸，我又那么晚回家，就被我爸揍了一顿呗！"

劳晓静一直在辅导我功课。老师们一直在课堂上表扬我："刘浩明最近进步很大，考试成绩一直在往上升。"

可我却很惭愧。毕竟是劳晓静帮助我的呀！而我在这儿风光地受老师表扬，劳晓静却挨老师批评，她也应该受表扬才对呀！

第五节　离别的笑容

临近毕业考的时候，劳晓静仍然辅导我功课，使我的成绩又提高了许多。可从四月份开始，劳晓静就再也没来过学校。她生病了？她收到重点中学的录取通知书旅游庆祝去了？总之，我也没太在意。

六月底，我收到了实验中学（重点中学）的录取通知书，第一件事就想去劳晓静家，告诉她这个振奋人心的消息。可当我兴奋地敲着她家的门时，开门的并不是她，而是她的爸爸。我说，我想找劳晓静。他爸爸说："晓静四月就去加拿大读书了，你找她有什么事吗？"

我一听，心里一惊，但还是说："哦，没什么。谢谢您，叔叔。"

她爸爸关上了门。

我终于明白了她为什么要辅导我功课了，是因为我们朝夕相处的打打闹闹、欢声笑语，更是因为我们六年的同桌情。

我望着她家紧闭的大门，笑着说："谢谢你，同桌！"

叶开老师评：

　　张又允写的"同桌的你"，我很喜欢。劳晓静这个同桌，是一个性格鲜明、有责任心又可爱的女孩子，而且，还因为"辅导"我功课，被老爸"扁"了一顿这么冤枉，这可不是一般的死党能干得出来的。所以，劳晓静真的是"你"的frienemy，不过，也不能完全算，仍然是真的死党。有一点点不是很合理，那就是劳晓静为何突然这么友好，要玩命地帮"我"复习了呢？有什么原因呢？这个原因一定要有，而且要合理，这才对头。比如，劳晓静碰到了什么特殊的事情，或者她觉得"我"还是一个可以教导的家伙，仅仅是因为要出国了去加拿大读书这个理由，似乎还不够充分呢。但是这些都不够合理，你看看，找一个更合理的理由，这篇作品就更好了。

23　复仇记

王怡然　五年级

迪迪望着那具死尸，那曾经充满快乐的人，从此在这个世界上消失。她望着自己的父亲，似乎不能相信。

前几个小时对她来说已经记不得了，除了一张脸，眉清目秀——那时他从家门跨进来，手里端着一支长枪，父亲一见，脸色苍白，身体也开始发抖。

那人一进门就大吼："聂幂，真相已经大白。"说罢举起长枪，一颗子弹射中了父亲的心脏。

迪迪心中悲痛欲绝，悲痛也带着仇恨。

"真相已经大白了。"她轻轻说道。

望着家门，最终还是决定离开。我该走了，这一次不像以前一样胆小，反而更勇敢。带着复仇的心，走出了家门，再也没回头。

"给点钱吧！"迪迪对路旁人请求道。没人理她，最多只是瞅她一眼。已经三个月了，迪迪想，再不找到他，就没希望了。路人从来不注意乞丐。一人走过停了一会儿，把迪迪上下打量一番。路上小娘子投向羡慕的眼光望着他。这时迪迪才注意到他长得十分英俊。浓眉大眼，威风凛凛。

他开口声音铿锵有力："跟我来，我叫赵德。"迪迪望着他，心中有形容不出的喜爱。她站了起来，拍了拍身上的泥，慢慢地跟着他走进了城。

"娘——到家了。"赵德喊到。

一个年老的妇女走进来。"这位水灵灵的姑娘是谁？"夫人笑道，看着迪迪。

"聂迪。"迪迪说，正要下拜，却被夫人扶起。"叫我赵母就行了。"夫人说。

"妈，"赵德说有点不耐烦。

"对对。"赵母说，不愿把眼光从迪迪身上移开，说罢便回到房里。

"对不起，请别怪娘无礼。"赵德说道。

"没事儿。"迪迪说。

"那么……"赵德说，把眼光移开迪迪，似乎有点害羞，"今后就住在这吧！"

迪迪转悲为喜："谢谢，此后必报君善意。"连忙向前行礼。赵德望着她傻笑。迪迪把复仇的事也忘到九霄云外了。

此后的生活也变得简单，早上起来就有女仆伺候，赵德赵母也很喜欢这个客人，想干什么，就干什么，要什么，有什么。无忧无虑，自由自在。

赵德带迪迪在院子里参观。赵家很有钱，赵德一喊，一行人跟着进院子。园内一片辉煌，非常讨人喜欢，除了各种园林风景，甚至还有模仿乡村建筑的。

一次，盗贼误入了赵家，迪迪晚上睡不着觉，听到门的声音，自然警惕起来。到门外想瞧瞧。正看见成群结队的人在搬银子，迪迪心疑，去赵德的房间告诉他，赵德惊道："必是强盗来偷银子。我叫人去。"最终，强盗被抓住了。迪迪立了功，赵母越来越宠他了。

一日，赵德舅妈来拜见，女仆排队迎接。舅妈是个大富豪，今日来访问，可是个大喜日。舅妈走进来，目光落在了迪迪的身上，冷冷地说："这人谁？"

迪迪连忙下跪请安，舅妈瞅都不瞅她一眼。只是转身面对赵母大声训斥道："你从哪捡来一个女孩，这简直是对我们赵家的侮辱。"迪迪本已眼泪汪汪，一听这话，忍不住转身，跑到后院失声大哭。

赵德急了，赶上来问："你生舅妈气，还是生我的气？"

"都气，我恨你把我带到这破地方。"说完又号啕大哭。

赵德揩揩眼泪说："对不起。"

迪迪想起往事又后悔说了那句话，忙笑道："你别急，原谅我说错话，这有什么的。"

赵德擦完眼泪，过了半天才说："你放心。"

迪迪听了这话有千言万语，却半个字也不能说出。只怔怔地望着他，赵德也怔怔地望着迪迪。

一个星期后，迪迪睡在床上。一时睡不着，最后也进入了梦乡。他梦见父亲正待在家里，在电话上和一人吵架，对方大叫："二哥已被捕，东西也没了。"

父亲冷冷地笑道："没了再造。"

再造什么？迪迪心想。

那声音又传来："赵兄决定叛变，他说，这东西害老百姓，决定不干了。"父亲说："害百姓就害百姓，董卓反正不管。"爸爸决定干什么？迪迪想。

爸爸冷笑道："反正没人管，这可是福啊！"

迪迪被惊醒了，太阳从屋里照到书桌上，侍女的敲门声响起："迪迪吃饭啦！"

迪迪心里还在想梦，赵德走进来坐在床身兴奋地说："爹爹今日要回来啦！"

在中午一刻左右，来了一个高大的男人，不用说就是赵德的父亲。不知为什么，见到他既让她感到恐惧，又让他感到仇恨。赵德的父亲叫赵威，是皇帝左右的文武百官的其中之一。赵威见到迪迪，脸上变得友好，也许是迪迪的幻想，可是从他脸上闪过认识，但是又立刻没了。他笑了笑说："你是聂迪吧，德儿告诉我了。"迪迪只是点点头，什么也没说。赵威和赵德去游园了，把迪迪一人留在屋里。那个脸，好熟悉啊，可是却想不起来，还在想着赵威，迪迪慢慢地入睡了。

这次，他又梦见他的父亲，站在电话前面，一阵粗鲁的声音说："聂幂，你不能再运鸦片了，你伤害了数百万名百姓。"迪迪的父亲什么也没注意到。渐渐地，梦变了，他的父亲站在面前，脸色苍白，嘴里在念什么，什么。梦中的迪迪听不清，父亲又试了一次："千万别忘了他。"又一次，迪迪被惊醒，心在已不可叙述的速度上狂跳，原来他就是他要找的人。

最终，她知道她必须下手。她从房里拿了一个镰刀，她想起赵母对她的关爱，但是仇也得报，她闭上眼睛走向赵威的房间。屋内一片漆黑，她在茫茫中乱砍，最终刺耳的叫声充满整个房间，迪迪知道自己得走了，他走向门口，只见赵德站在那里，手里举着一个大刀。

他们两个就这么对视着，直到赵德说："你在这干什么？"

他的声音像石头一样坚硬："是你杀了他们，是吗？"

迪迪无言以对，只是看着手里的大镰刀，羞愧终于把她的内脏啃了一个干净。赵德的愤怒把他推向迪迪，迪迪大叫，最后他们两面对面，赵德的匕首靠在迪迪的脖子，迪迪的镰刀指着赵德的心脏。

"我下不了手。"赵德的脸充满悲痛，眼泪从眼睛里流出来，最后他的匕首落在了地上。他跪下来，开始放声地大哭，"杀了我吧。"他最后抬头望着迪迪，小声地说。迪迪只是拿着镰刀不知怎么样。最后走出了房间。但是临走前她说："对不起，赵德。"这也许是她对他说的最后一句话，但是迪迪的心底，知道他们以前的感情，不会再回来了。

就这样，迪迪走出了赵府。

叶开老师评：

王怡然的《复仇记》写聂迪为父亲聂幂复仇的故事，她在离家之后乞讨，被赵德发现带回家。在赵家，聂迪表现很好，也跟赵德成了好朋友，不过还应该写他们作为好朋友的细节，加深这种印象。然后，聂迪就因为类似《谢小娥》那样得到父亲的托梦而找到了仇人，并且最终下手复仇了。你这里有一个小问题，父亲聂幂如果是"运鸦片"害人，那么，他的人物形象就被"矮化"了，不好了。为一个不好的人复仇，合理性不够。要写出父亲的正义和慈爱，然后惨遭敌人之害，这样复仇才有合理性。

24 当初春遇到仲夏

杨奕涵　三年级

　　我出生于春天，万物复苏的季节，于是乎我的性格也和这个季节一样：温柔、乖巧。我的妹妹出生于仲夏，一个火辣热烈的季节，她的性格和她出生的季节一样热烈。我们俩在一起，经常打打杀杀、吵吵闹闹，生活多姿多彩。

　　我和妹妹就是一对亲密的仇敌，亲密的时候比谁都亲。比如有一次，妹妹一直哭闹，我想了各种法子逗她都没用，后来我给她编了一首歌："操场上有一群小熊猫，瞧，他们在打篮球，他们在打篮球……"

　　我一边唱一边跳，妹妹立即停止了哭闹，跟着我开心地又蹦又叫。从此以后妹妹哭闹的时候，只要我一唱《小熊猫》，她就安静了。于是，每当爸爸妈妈忙的时候，我就唱歌给妹妹听。

　　妹妹很有个性，喂奶的人都要她钦点。有一段时间她经常钦点我给她喂奶，而且每次喝奶总要留那么几口喂给我喝。有时候妹妹尿裤子或者是尿床了，都要我把她抱到一边，让我给她换裤子或者换床单。

　　再亲密的姐妹也有针锋对麦芒的时候。印象最深刻的一次，她把我最喜欢的一个粉色铅笔盒撕坏了。那个铅笔盒上有一只漂亮的戴皇冠的小熊，我刚从抽屉里拿出来，妹妹就一把抓过去，把小熊直接撕下来丢在地上。我的心顿时从一颗有血有肉的心变成了一颗脆弱的玻璃心，碎成了千万片。我的眼泪像断了线的珠子，啪嗒啪嗒往下掉。

　　有时候我躺在床上或者沙发上，只要妹妹手里有"教鞭"，我的头肯定会挨她的"鞭子"。躺在床上更惨，妹妹会用脚在我身上又搅又缠，还要在我肚子上翻滚。她竟然一边做，一边念道："欺负姐姐。"更无语的是每次我疼得嗷嗷叫的时候，她却丢出一句"没关系哦"，让人又气又笑。

　　她虽然是我的妹妹，但是每次都打着"欺负姐姐"的口号。我们就这样相爱想杀地相处着，有笑有泪，但两个人都很享受。

叶开老师评：

　　杨奕涵写自己跟妹妹一起"相爱相杀"，这个想法倒是很好玩的，而且也确实是一对经典的frienemy的结构。尤其是，文章写出了你们两个人之间的玩耍和闹脾气，例如"妹妹就一把抓过去，把小熊直接撕下来丢在地上"。这些细节，生动地呈现了你们的关系。但是，你也写到了她的可爱——"在我肚子上翻滚，竟然一边做一边念道：欺负姐姐"，这些细节，又显得妹妹是天真、可爱。你抓住了这种姐妹间的特殊关系，写得非常好。

25 贝加儿历险记7

吴沁蓓　二年级

　　"哈哈哈！你等等我！"从公园里传来了一些熟悉的声音。这声音把正在公园里看漫画的贝加儿和姜黄儿吸引过来了。　原来是贝加儿的同学姗姗和鸟鸟名。

　　"你拿我的狗干吗？"贝加儿生气道。

　　"什么，这是你的狗？这明明是前几天，我在路上捡到的一只受伤的小狗，是我救了它，它现在是我的。"姗姗说道。

　　两个人一直争执着，鸟鸟名也不知道要帮谁，一个是自己的同伴，一个是自己的救命恩人。最后姜黄儿提议，两人进行一场决赛，谁赢了，鸟鸟名就是谁的。

　　第二天，贝加儿向姜黄儿借来一件写着"必胜"的白色上衣，早早就来到比赛地点，来回晃动着，坐立不安的。

此时，姗姗刚刚起床，看了一下表，八点十五分了："啊，比赛时间快到了。"

姗姗随手拿起一件红色上衣和蓝色裤子，迅速地穿好，便出门了。

不一会儿，所有人都到了齐了，姜霖和姜黄儿是这场比赛的裁判。

第一局：跑步。随着姜霖的一声"预备，开始"。贝加儿像风一样，奔跑了起来，无论姗姗怎么努力地追，结果还是差一大截。

"第一局，贝加儿胜。"姜黄儿宣布。

第二局：口算。姗姗虽然输了上一局，但这一局，她自信满满，姜黄儿叫了一声"开始"，才不过一分钟，姗姗就写完了一大半，而贝加儿还在费劲地思考第三题，967+795，很明显，这一局姗姗获胜。

第三局：跳舞。姗姗跳了一曲《青春舞曲》，美极了，连鸟鸟名都跟着舞动起来。接下来，贝加儿跳了一曲《小鸡舞》，跳成了一个笨笨的小鸡，总是左拐右拐的，把大家都乐坏了。

"最后一局，姗姗胜，姗姗以2比1赢了贝加儿，鸟鸟名归姗姗所有。"姜黄儿宣布。

话音刚落，贝加儿就流下一滴眼泪，鸟鸟名迅速跑去，接住了眼泪，眼泪立即变成一颗水晶。

姗姗和姜黄儿她们都惊呆了，半天说不出话来："为——为什么？为什么眼泪会变成水晶？"

贝加儿强忍住眼泪说："我本不属于地球，我和这狗狗都是来自火星，我很想回家，这是我在地球上唯一的亲人。"

鸟鸟名立即跑来舔了舔贝加儿的鞋子。姗姗很感动，决定把鸟鸟名还给贝加儿，贝加儿高兴地立即擦了擦湿润的眼睛，高兴地笑了起来，随后又从鸟鸟名那里拿过水晶，交给了姗姗。

"这是一颗很特殊的水晶，它能帮助你实现一个愿望。"贝加儿说道。

姗姗接过水晶说道："贝加儿，你放心吧，我们一定会替你保守这个秘密，并且帮助你们回到火星的，你可别忘了关于算数，我可是高手，我会尽快帮助你们算出黑洞出现的时间和位置的。"

"哈哈哈，哈哈哈。"一阵阵欢笑声传了过来。

叶开老师评：

吴沁蓓的"贝加儿历险记"已经写到了第七篇，好厉害啊。而且，你运用得非常自如了，尤其是在不同的场景下，用不同的方式来展现。这次，是姗姗和贝加儿为了小狗而"决斗"。我觉得，最终"姗姗"赢了这个结构非常棒，本来以为自带主角光环的"贝加儿"会赢呢。这个处理很好。

叶开总结

　　《相爱相杀/frienemy》这个题目，涉及复杂的人与人之间的关系，涉及情感的纠缠，对于这些小学生和初中低年级学生来说，真心不好写，甚至可以说很难写。关于情感类（倒不仅仅指爱情）的题材，对于情感经验单薄的小孩子来说，因为涉世不深，都很难体会，更难把握。其实，优秀的成年作家，一直也对这个题材犯怵。

　　在文学作品中，写现实的一些日常生活，甚至写得生动吸引人，都并不难，难的是人的精神上的、心理上的那些细微的变动，以及由此引发的人物行为的变化。这是文学特有的魅力，我们读很多世界名著，其魅力不在于情节的复杂，人物行为的诡异，而在于心理设定上的反差。我在讲课时，常常强调社会背景和人物内心的反差，是很重要的小说推动力。例如美国文学大师纳撒尼尔·霍桑的杰作《红字》，其实故事并不复杂，情节也很简单，但是整个作品如果能读进去，会发现你的内心被压得喘不过气来。女主人公的抉择，关系到了其他人的名誉和生死，在传统道德与个人忏悔中做出合适的选择，她太难做了。而那位"情人"，本来在教区中最有前途的年轻神父，他到底要不要勇敢地承认自己的行为？这个关键点，是小说中最动人的部分。写出这种牵扯人心的地方，是文学的主要魅力之一。莎士比亚的经典悲剧《罗密欧与朱丽叶》，就是一个无法逃避的"选择"。

即便如此艰难的题目，小朋友们照样能"脑洞大开"。

黄铭楷的《命运之钟》做了一个特别有震撼力的设定：外星人把一个特殊的高级设备送给了地球人，而从此，地球人就开始根据这个"命运之钟"的预言来决定自己的未来生活了。实际上，整个地球人类的命运被这个命运预测者所控制。直到一对王子的出现：命运之钟预言，他们长大后会彼此谋杀对方……一个令人揪心的结构，就这样落定了。

木木水丁（林汀）在长达一万两千字的《2017·亚瑟王·宙斯》这个"鸿篇巨制"中，对古希腊神话中的主神宙斯和天后赫拉做了一个彻底的复杂设定：天性嫉妒的天后赫拉，和风流成性的主神宙斯之间，情感之复杂细腻和惊心动魄，要在人间重新来过，并穿越时空到了亚瑟王时代，重新演绎了那个惊心动魄的故事……把希腊神话、英国创国神话以及时间穿越这些重要主题串在一起，需要丰富的阅读和非常庞大的视角，这对于一个七年级女生来说，确实是一个奇迹，然而，写出过《频闪时空》等优秀作品的木木水丁，很擅长处理这类复杂的题材——最后，赫拉杀死了宙斯……哎呀，宇宙怎么办？人类怎么办？

莞若清风的《罗茜的游戏》是从《安德的游戏》中获得了启发，但是自己做了一个超特殊的设定，那就是两个人为了成为像"安德"那样的抵抗外星虫族的大英雄，在模拟训练对抗中，全力出击。而最终，仍然精诚合作，击败了比虫族厉害得多的天族，取得了地球保卫战的伟大胜利……

写作，是实现一个人梦想的最好办法之一，对于这种"相爱相杀"的题材，虽然很难写好，但是同学们都使出了浑身解数，很多同学写出了非常精彩的作品。